한국 영화 산업,

도약을 꿈꾸다

한국 영화 산업,

도약을 꿈꾸다

조진희 지음

한나래

한국 영화 산업, 도약을 꿈꾸다

지은이 | 조진희
펴낸이 | 한기철
편집인 | 이리라
편집 | 이여진, 이은혜
마케팅 | 조광재, 한나래

2012년 8월 20일 1판 1쇄 박음
2012년 8월 30일 1판 1쇄 펴냄

펴낸곳 | 한나래출판사
등록 | 1991. 2. 25 제22–80호
주소 | 서울시 마포구 합정동 월드컵로3길 39(합정동 388–28) 합정빌딩 2층
전화 | 02–738–5637 · 팩스 | 02–363–5637 · e–mail | hannarae91@naver.com
www.hannarae.net

Published by Hannarae Publishing Co.
Printed in Seoul

ISBN 978–89–5566–136–1 94680

* 이 도서의 국립중앙도서관 출판시도서목록(CIP)은 e–CIP홈페이지(http://www.nl.go.kr/ecip)와 국가자료공동목록시스템(http://www.nl.go.kr/kolisnet)에서 이용하실 수 있습니다. (CIP제어번호: CIP2012003622)

차례

일러두기

• 한글 표기를 원칙으로 하되, 필요에 따라 외국어와 한자를 병기하였다.

• 한글 맞춤법은 '한글 맞춤법' 및 '표준어 규정'(1988), '표준어 모음'(1990)을 적용하였으나 혼란이 있는 경우는 출판사의 원칙을 따랐다.

• 외래어의 우리말 표기는 개정된 '외래어 표기법'(1986)을 원칙으로 하되, 그중 일부는 현지 발음에 따랐다.

• 사용된 기호는 다음과 같다.

영화, TV 프로그램, 잡지, 논문 등: 〈 〉

책이름 등: 《 》

머리말

대중 문화를 전공한 학자로서 그리고 학생들을 가르치는 교육자로서 최근 한국 영화 산업에 대한 관심에서 이 책을 집필하게 되었다. 대형 쇼핑몰에 위치한 멀티플렉스 극장에서 팝콘과 탄산 음료를 마시며 친구들과 함께 영화를 관람하거나 각종 디지털 기기들을 통해 영화를 다운로드하는 젊은이들에게도 여전히 영화 감상은 그들이 가장 좋아하는 취미 활동의 하나이다. 그뿐 아니라 국가적인 차원에서 보면 영화는 한국의 국력을 상징하는 지표와 동일시되고 있다. 〈올드보이〉(2003), 〈괴물〉(2006), 〈추격자〉(2008)와 같은 영화의 해외 수출은 '한국 영화의 선전' 또는 '한류 마케팅'이라는 제목으로 신문 지면을 장식하고 있으며 영화 시장의 변동은 언론에서 매번 주요하게 다루고 있다.

이 책은 바로 이와 같이 취미 생활의 일부일 뿐 아니라 국력의 지표로도 간주되는 한국 영화를 정치 경제학적인 시각에서 분석하고 있다. 즉 영화를 문화 상품이라는 관점에서 바라보고 자본의 흐름과 정책적 변화, 그리고 기술의 발달을 정치적, 경제적 맥락 속에서 파악하고자 한다. 이런 관점에서 바라본다면 현재 미디어 기업들이 투자에서부터 마케팅에 이르기까지 수익의 극대화를 위해서 어떻게 전략적으로 접근하고 있는지, 사회적, 기술적 변화와 어떠한 관련을 맺고 있는지에 대해서 보다 더 상세히 분석할 수 있을 것이다.

물론 영화 산업에 대한 정치 경제학적 분석이라고 한다면 지나치게 광범위하므로, 필자가 분기점으로 잡고 있는 시기는 2000년대 이후부터이다. 이 시기를 전후해서 CJ나 롯데와 같은 대기업을 중심으로 한국의 영화 산업이 재편성되면서 영화 산업은 규모의 경제를 통한 이익의 극대화를 노리기 시작하였다. 투자에서부터 상영에 이르기까지 시장은 수직적으로 계열화되고, 영화를 포함해서 방송 그리고 음악 등의 관련 미디어 기업이 합병을 통해 급격히 복합 기업화되면서 영화의 상품 광고적인 기능은 더욱 강화되었고 소비 문화의 확산을 부추기게 되었다. 또한 정책적 지원에 힘입어 기업들이 영화 시장의 영역을 아시아 권역으로 확대시키기 위한 노력을 가속화하면서 이 지역들의 문화적 보편성을 확보할 뿐 아니라 중국이나 일본 등의 세부 지역마다 특수성을 감안한 현지화 전략을 추구하는 노력을 통해 문화적 패권주의가 가시화되었다.

한편 이 시기를 기점으로 인터넷이 일상화되기 시작하면서 미디어 기업들은 영화 투자에서부터 마케팅에 이르기까지 네티즌의 자발적 참여를 활용하는 방법들을 고안해 내기 시작하였다. 특히 최근 스마트폰의 대중적 파급을 틈타 기업들은 관객과 한층 더 사적으로 친밀하게 연계할 수 있는 방안을 쏟아 내고 있다. 이 책은 이와 같이 2000년대 이후부터 최근까지 정책적, 기술적 변화 속에서 영화 산업이 이윤을 극대화하기 위해 어떠한 움직임을 보이는지를 분석함으로써 한국의 영화 산업의 구조와 운용 형태에 대한 독자의 이해를 도모하고자 한다.

서론 "2000년대 한국 영화 산업을 해부하다"에서는 이 시기를 기점으로 발생했던 산업 내외적인 변화를 상세히 기술함으로써 앞으로 전개될 내용을 간략하게 설명하고 있다.

1장 "영화 산업, 규모의 경제를 추구하다"에서는 영화 산업이 소수 대기업을 중심으로 수직 계열화와 복합 기업화가 진행되고 있는 상황을 서술함으로써 미디어 산업의 전체적 지형도를 그리고자 한다. 아울러 영화 산업의 기업화 또는 대형화라는 현상과 관련된 사회 경제적 논란을 소개하고 그 의미를 짚어보았다.

2장 "한국 영화, 세계를 향하다"에서는 한국 영화가 세계 시장, 특히 아시아 시장을 겨냥해서 어떠한 전략적인 행보를 보여 주고 있는지를 검토한다. 할리우드가 미디어 생산력에 있어서 전통적 센터*center*라고 한다면, 인도, 일본 그리고 나이지리아 등에 이어 한국 역시 새롭게 부상하고 있는 마이크로 센터*micro–center*라고 할 수 있다. 아시아 지역권의 문화적 보편성을 담보하기 위해 어떠한 노력을 기울이고 있는지, 포맷 수출이나 국제 공동 제작 등에서의 장단점을 살펴봄으로써 지역화 전략이 얼마나 효율적인지를 살펴보고자 한다.

3장 "네티즌, 영화에 투자하다"에서는 디지털 매체의 발달과 영화 산업의 상관관계를 살펴볼 것이다. 디지털 매체가 우리의 일상으로 다가오자 영화 산업에서는 이러한 매체의 경제적 활용 방안에 촉각을 세웠다. 그중 대표적인 시도가 '네티즌 펀드'의 등장이다. 이 장에서는 네티즌 펀드의 역할을 상세히 살펴보았다. 제작비 확충을 위한 실제적 방편이자 펀드에 참여한 일반인들의 자발적 입소문을 통한 영화 홍보 수단에 이르기까지 다양한 역할을 수행한 네티즌 펀드는, 영화 투자에 있어서 일반인들의 참여라는 새로운 선례를 만들었다. 역사적 선례가 되는 사례들을 상세히 소개하는 동시에 이러한 투자 방안이 왜 점차 사라지게 되었는지에 대해서 상세히 설명한다.

4장 "영화, 광고와 만나다"에서는 PPL이라고 지칭되는 간접 광고에 대해서 상세히 분석했다. PPL이 영화에서 활용되는 형태, 그리고 요금 체계와 장르별 편중 현상에 대해서 설명함으로써 간접 광고에 대해 개괄적으로 소개하였다. 한편 최근 들어서 복합 기업화 현상이 가중되면서 타이인 프로모션*tie-in promotion*이 한층 강화되고 있는 만큼, 〈시라노; 연애 조작단〉(2010)에 대한 상세한 사례 조사를 통해서 영화 관람이라는 여가 활동을 매개로 소비 문화와 어떤 식으로 긴밀하게 얽히고 있는지 분석한다.

5장 "포스터, 다변화되다"에서는 최근 영화 마케팅이 갈수록 정교화되고 있음을 입증하기 위해 포스터의 형태와 유형을 고찰하고자 한다. 1998년 'CGV 강변'이 개관한 이래 멀티플렉스 체인을 중심으로 광역 개봉이 일상화되면서 마케팅 경쟁은 갈수록 치열해지고 있다. 이 장에서는 1970년대부터 최근에 이르기까지 포스터 제작 경향을 통시적으로 살펴봄으로써 영화 시장을 선점하기 위해 어떠한 노력들을 기울이고 있는지 상세히 짚어보았다

6장 "소셜 미디어, 마케팅의 지평을 확장하다"에서는 매체 발달과 영화 마케팅 방식의 변화의 상관관계를 다루고 있다. 테크놀로지는 결코 어느 특정한 방식으로 사용법이 미리 결정된 것이 아니다. 즉 기술 결정론*technological determinism*으로 테크놀로지의 용도를 설명할 수는 없다. 오히려 테크놀로지는 사회 구조를 기반으로 개발되는 만큼, 새로운 테크놀로지의 용도 역시 사회 경제적 필요에 의해 제한적으로 활용된다. 현재 한국 영화 산업에서 인터넷이나 소셜 미디어와 같은 디지털 테크놀로지가

주로 마케팅 도구로 활용되는 것이 좋은 사례라고 할 수 있다. 따라서 이 장에서는 최근 각광받고 있는 트위터 생중계 등의 마케팅 방식을 소개함으로써 영화 산업이 뉴 테크놀로지를 어떠한 방식으로 수용하고 있는지를 상세하게 분석한다.

이 책이 출간되기까지 여러 사람들의 도움을 구했다. 먼저 집필 기간 동안 함께하며 이 책의 완성도를 높이는 데 기여해 준 사랑하는 제자 전승 양에게 감사의 마음을 전하고자 한다. 기꺼운 마음으로 출판을 맡아 주시고 원고를 꼼꼼히 읽으며 조언을 해주신 한나래출판사 관계자 여러분들께도 고마움을 전한다. 그리고 출간되는 날을 기다리며 격려하고 응원해 준 남편 김창환 씨에게 사랑과 고마움을 전한다.

서론

2000년대 한국 영화 산업을 해부하다

한국 영화 산업의 성장과 대내외 경쟁력 강화라는 표현은 최근 몇 년간 언론이나 방송 매체 등에서 자주 다루는 이슈 중 하나이다. 정부가 주도하는 각종 위원회에서도 영화 산업의 구조적 변동이나 수출 추이의 변화 등에 대해서 민감하게 반응하며 국내 영화계가 이룬 성과에 주목하고 있다. 비록 영화 산업이 거두는 성과에 대한 평가에 대해서는 개인적 시각의 차이가 있을 수 있겠지만, 오늘날 한국의 영화 산업이 하나의 산업으로서 체계적이고 효율적인 운용 시스템을 갖추고 규모의 경제를 키워 가면서 국내 시장은 물론 아시아 권역을 중심으로 한 해외 시장에까지 경쟁력을 갖춘 문화 상품을 생산해 내고 있는 데에 대해서는 이견의 여지가 없을 것이다.

이 책에서는 현재 한국 영화 산업이 어떠한 구조적인 모양새를 갖추고 어떠한 형식으로 운용되며, 기획에서부터 마케팅에 이르기까지 국내외 시장 석권을 위해서 어떠한 전략들을 추구하고 있는지 논의하고자 한다.

한국 영화의 산업화 과정은 흔히 "미국 문화의 모방과 자국의 지역성을 토착화한 혼종성"[1]으로 비유되곤 한다. 오늘날 한국 영화계는 도제 제도에 의한 제작 기술 숙련, 기획의 부재 그리고 소규모 자본 등으로 설명되곤 하던 '충무로 시대'의 관행에서 비록 완전히 벗어나지는 못했다. 그러나 할리우드식의 구조와 운용 체계를 받아들이면서 합리적으로 관객의 수요를 예측하고, 다각도로 투자비를 확충하고 있으며 다변화된 마케팅 전략을 전개하면서 국내외 시장에서의 경쟁력 확보를 위해 노력하고 있다. 이와 같은 양상에 주목하면서 이러한 변화의 의미에 대해서 구체적으로 짚어 보고자 한다. 그 분기점으로 택한 시기는 바로 2000년대이다.

왜 2000년대인가?

2000년도를 기점으로 한국 영화 산업의 구조와 운용 체계 등에 있어서 전면적인 변화가 가시화되었던 만큼, 이 시기를 기점으로 현재까지의 한국 영화 산업에서 발견할 수 있는 주요 산업적 특징에 대해 설명하는 것이 타당할 것이다. 우선 거론할 수 있는 사실은 2000년대를 즈음해서 이른바 '복합 기업'으로 대변되는 할리우드식의 영화 산업 구조를 벤치마킹하고 CJ나 롯데와 같은 대기업들이 영화 산업에 본격적으로 진출하였다는 점이다. CJ엔터테인먼트의 행보가 대표적인 사례라고 할 수 있다. 1995년 제일제당 멀티미디어 사업본부의 극장사업팀으로서 제작 투자 및 배급회사로 출범했던 CJ엔터테인먼트는 1998년 국내 최초 멀티플렉스 극장인 'CGV 강변'의 개관을 시작으로 상영 부문에 본격적으로 진출하기 시작하였다. 현재 전국적으로 120여 개에 달하는 멀티플렉스 극장 체인을 보유하고 있는 CJ엔터테인먼트는 이렇게 상영 시장에서의 우위를 선점하면서 영화의 투자, 제작, 배급 및 상영에 이르기까지 수직적 계열화를 통해 영화 시장의 최강자로 군림하게 되었다. 2011년에는 CJ엔터테인먼트&미디어로 개명하면서 영화뿐 아니라 음악, 방송, 게임에 이르기까지 다양한 미디어 기업체들을 거느린 복합 기업체로 기업 구조를 재편하였다.

물론 이들 거대 기업의 막대한 수익과 권력, 즉 이들의 독점적 지위로 인해서 소규모 제작사들의 입지가 갈수록 위축되고 영화와 광고 시장의 결합이 더욱 강화된다는 문제점에 봉착해 있는 것은 사실이다. 그러나 안정적인 자본의 확보를 통해서 시장의 규모가 확대되고 대내외적인 경쟁력이 강화되고 있다는 점은 간과할 수 없는 성과이다. 드라마 시장을 중심으로 아시아 권역에서 불기 시작한 "한류" 열풍에 힘입어 대기업들이 주축이 되어 국내 시장의 한계를 극복하기 위한 노력을 기울이고 있다. 특히 외형적 성장세에도 불구하고 2000년대 중반 이후 전체 투자 수익률이 감소하면서 더 이상 국내 시장의 자본력과 수익만으로는 한계가 있다는 인식을 공유하면서 부가 시장의 활성화와 함께 해외 수출을 통한 활로 개척에 보다 더 적극적으로 나서고 있다. 문화적 차이를 감안한 내수용과 해외용 마케팅 방식의 차별화나, 범아시아 시장을 노린 대작 위주의 국제 공동 제작 등이 바로 내수 시장의 한계를 극복하기 위한 전략적 움직임의 일환이라고 할 수 있다.

2000년도를 기점으로 해서 한국 영화 산업의 현황에 대해 논의하고자 하는 또 다른 이유로는 매체의 발전을 들 수 있다. 인터넷을 비롯해 각종 디지털 매체들이 일상적으로 쓰이게 되면서 영화계에서도 기획에서부터 마케팅에 이르기까지 디지털 매체를 중심으로 크게 변화하고 있다. 2000년에는 하나로 통신과 KT의 주도 아래 초고속 인터넷이 전국적으로 보급되었는데, 당시 300만여 명에 불과했던 인터넷 사용자의 수는 1900만여 명 이상으로 급격하게 늘어났다.[2] 인터넷 사용자 수의 증가는 동시에 영화 정보를 얻는 주요 수단으로 인터넷을 이용하는 이들의 수도 증가했음을 의미했다. 이로써 인터넷은 영화 마케팅의 주된 매체로 각광받으며 인터넷을 통한 새로운 시도들이 출현하게 된다.

대표적인 사례로 '네티즌 펀딩'을 들 수 있는데, 김지운 감독의 〈반칙왕〉(2000)을 계기로 한때 '네티즌 펀딩' 열풍이 일기도 했다. 네티즌 펀딩은 일반인도 영화 제작에 필요한 재정의 일부를 투자할 수 있다는 데 취지가 있는데, 뿐만 아니라 영화 펀딩 방식이 다양화된다는 점에도 의의가 있다. 거대 자본만이 참여할 수 있다고 생각되던 영화 제작에 일반인의 소자본도 참여할 수 있는 길을 열어 놓은 것이다. 실제로 〈바람난 가족〉(2003)에서는 제작비 확충의 방편으로서 역할을 톡톡히 하였다. 하지만 네티즌 펀딩의 보다 주된 역할은 펀드에 참여한 일반인들의 자발적인 입소문을 통해 영화의 흥행을 촉진하는 것이다. 비록 소규모의 투자에 불과하지만 펀드 입찰에 참여한 네티즌은 자연스럽게 자신들이 투자한 영화에 관심을 갖고, 오프라인은 물론 온라인을 통해 영화에 대해 호의적인 소문을 퍼트리게 된다. 제작사 측에서 보면 저비용으로 고효율의 홍보 효과를 노릴 수 있는 것이다.

네티즌 펀드의 도입에서도 알 수 있듯이 인터넷이라는 뉴 미디어는 영화 마케팅 방식에 지대한 영향력을 행사하였다. 생산자는 출연 배우나 감독 등의 인터넷 팬 커뮤니티에 제작 중인 영화 관련 정보를 제공하고 시사회를 포함, 각종 이벤트 등에 초청하는 등의 방식으로 이들을 정기적으로 '관리'한다. 그리하여 영화가 개봉할 때 이들을 누구보다도 열정적이고 자발적인 홍보요원으로 입소문 마케팅*buzz marketing*에 참여하도록 하는 것이 인터넷의 일상화에서 기인한 고도의 마케팅 전략이다. 〈그놈은 멋있었다〉(2004)의 경우 제작사는 캐스팅과 관련해서 네티즌의 의견을 수렴한다는 명분으로 영화 기획 단계에서부터 팬들의 적극적인 참여를 유도하였다.[3] 역시 같은 맥락에서 영화 공식 사이트들도 팬을 단순히 '팬'이나 '마니아'가 아니라 '홍보 마니아'나 '홍보 대사'로 호명하면서 이들이 자발적으로 홍보 활동에 참여하도록 유도하고 있다.● 이로 인해 팬 커뮤니티의 규모는 점차 대형화되고 있을 뿐 아니라 제작사의 제작 발표회는 물론 기자 회견장 등에서도 팬들을 쉽게 발견할 수 있다. 팬의 자발적 참여를 독려하는 산업적인 풍토가 조성되면서 이제 인터넷 팬 커뮤니티는 영화 마케팅에서 간과할 수 없는 구성 요소로 정착되기에 이르렀다.

● 예를 들면 〈마더〉(2009)의 개봉과 동시에 개설된 공식 카페에는 '마더 마니아'라는 팬들의 공간이 있는데, 여기에 '마더 홍보 마니아'라고 하는 세부 구획이 마련되어 있다. 이러한 표현에서도 짐작하듯 최근 영화 마케팅 업계는 팬을 영화 홍보요원으로 적극적으로 유도하고 있다.

최근에는 스마트폰이 급속히 보급되면서 젊은 층을 중심으로 트위터, 페이스북 등의 소셜 미디어가 영향력을 미치고 있는데, 이에 맞춰 새로운 영화 마케팅 전략도 출현하고 있다. 스마트폰 사용자들을 위한 무료 어플리케이션을 제공하고, 트위터 사용자들을 대상으로 한 시사회를 여는 등 새로운 이벤트들을 끊임없이 개발해 내고 있다. 이를 통해서 뉴-뉴 미디어 사용자들 사이에 화제가 되고 언론의 관심을 유도하는 곳도 대표적인 전략이다.

이와 같이 2000년도를 분기점으로 대기업이 본격적으로 영화 산업에 진출하면서 사업의 다각화 현상, 시장의 편중 현상이 심화되었다. 이러한 가운데 규모의 경제를 통한 해외 시장 개척 의지도 가열되기 시작하였다. 또한 복합 기업의 면모를 갖춘 영화 기업들의 탄생과 동시에 영화의 간접 광고 기능은 한층 강화되었다. 한편 인터넷에서부터 스마트폰에 이르기까지 디지털 매체의 발달과 함께, 영화의 기획은 물론 마케팅에 이르기까지 이른바 잠재적 관객의 관심과 자발적 참여를 독려하는 획기적인 전략들이 고안되었던 것이다. 이제 이러한 변화들을 중심으로 한국 영화 산업의 현주소를 상세히 기술하고자 한다.

KNOWLEDGE BOX

한류(韓流, Korean Wave)

국내외에서 국제 공동 제작이 활발히 이루어지고 있는 지금, 진부하지만 '한류'의 영향력에 대해 거듭 논하지 않을 수 없다. 잘 알다시피 한류의 시초는 드라마 한 편의 열풍으로부터 시작되었다고 봐도 좋다. 물론 이전에 이미 중화권에서 한국 드라마 붐을 불러일으켰던 드라마 〈사랑이 뭐길래〉(MBC, 1991)나, 뒤늦은 수입으로 인기를 끌어 한국 드라마의 가장 중요한 수입국 중 하나가 된 대만에서의 〈가을동화〉(KBS2, 2000) 열풍도 존재한다.[4] 그러나 한류의 대표 주자라면 단연 〈겨울연가〉(KBS2, 2002)를 들 수밖에 없다. 국내 방영 당시에도 인기가 있었던 이 드라마는 일본에 수출되어 NHK에서 방영되면서 중년 여성들로부터 말할 수 없는 열광을 이끌어 냈다. 이를 계기로 아시아 시장에서 한국의 로맨스 장르 드라마에 대한 소구력이 높아졌으며 배용준, 최지우는 물론, 이병헌 등 국내 스타가 아시아 권역을 대표하는 거물급 배우로 성장하기에 이르렀다. 아울러 장나라, 장서희 등이 중국에서 활동하며 현지 배우만큼 사랑받았던 것이 곧 초기 한류 열풍의 모습이다.

한류라는 용어는 1999년 한국 문화관광부가 한국 가요의 홍보용 음반을 중국, 일본 등에 배포하기 위해 마련한 회의에서 중국의 한 대학 교수가 사용한 이후 정부 차원에서 한국 문화 상품의 열풍을 총칭할 때 쓰이게 되었다.[5] 대만의 경우엔 수입업자들이 한국의 음악과 드라마를 대대적으로 홍보하기 위해 '하일한류'라고 쓴 문구에서 한류만 뽑아 쓰던 것에서 그 유래를 찾아볼 수 있다.[6] 결국 한류란 용어는 '홍보'의 영역과 떼려야 뗄 수 없는 관계를 맺고 있는데, 특히 아시아에서의 문화적 성취를 과시하고자 하는 민족주의적 욕망과도 긴밀하게 연결되어 있다.

이처럼 드라마를 중심으로 아시아 권역에서 한동안 한류 열기가 퍼져 나갔지만 현재 한류는 보다 광의적 개념으로 사용되고 있다. 드라마, 영화 등 영상물뿐 아니라, 음악 엔터테인먼트 산업 영역으로 무한히 확장되고 있다. 특히 아이돌 가수들을 중심으로 아시아, 미국, 나아가 유럽까지 K-pop이 진출하고 있다. 이러한 움직임은 잘 발달된 인터넷 인프라를 통해 유튜브 등 UCC 미디어가 전 세계로 퍼져 나가면서 다양한 국가의 젊은 층의 관심과 지지가 많아진 상황에 기인한다. 더불어 이러한 움직임을 포착한 문화체육관광부, 국가브랜드위원회, 해외문화홍보원 등의 국가 정책 기관과 방송사들이 K-pop 월드 페스티벌, 서울-도쿄 뮤직 페스티벌 등을 개최하면서 가시화되기에 이르렀다.

그러나 한류 캠페인들이 현재 정책적 차원에서 다소 일방적으로 전개된다는 점은 우려할 만하다. 국위선양을 표방한 과도한 민족주의적 시각을 부각하고 있는 것은 아닌지 그리고 다른 무엇보다도 과연 진정한 열풍이 존재하고 있는 것인지에 대한 명료한 분석 또한 요구되는 시점이다.

주

1. 김미현, "전지구화의 대중 문화: 한류 담론과 한국 영화 산업의 동아시아 진출," 〈영화 연구〉, 37, 2008, p.12.

2. "초고속 인터넷과 이동통신 "황금알", " 〈머니투데이〉, 2004. 9. 9.

3. 이수범, "인터넷이 영화 산업에 미친 영향에 대한 탐색적 연구," 한국문화경제학회 추계 학술대회, 2004, p.124.

4. 이문행, 〈국내 지상파 방송 드라마의 수출 성과 분석〉, 한국언론학회 "아시아의 재발견: 동아시아 국가 간 TV 프로그램 교류의 의미" 세미나 발표문, 2005, pp.35~68.

5. 허진, "중국의 한류 현상과 한국 TV 드라마 수용에 관한 연구," 〈한국방송학보〉, 16(1), 2002, pp.496~527.

6. 김현미, "대만 속의 한국 대중 문화 – 문화 '번역'과 '혼성화'의 문제를 중심으로," 조한혜정 편, 《'한류'와 아시아의 대중 문화》, 서울: 연세대학교 출판부, 2003, p.158.

chapter 1

영화 산업, 규모의 경제를 추구하다

영화 제작이나 배급에 대해서 조금이라도 관심있는 이들이라면 누구나 쉽게 CJ엔터테인먼트나 롯데엔터테인먼트와 같은 몇몇 기업들의 이름을 거론할 수 있을 것이다. 이처럼 CJ나 롯데와 같은 대기업들은 과연 어떤 계기로 인해 영화 산업에 뛰어들게 되었을까?

충무로에 대기업 자본의 진출이 본격화된 것은 1990년대부터였다. 한국 영화의 산실인 '충무로'는 당시 한국 영화에 대한 국내 관객의 외면으로 만성적인 적자에 허덕이고 있었다. 그나마 영화 제작 산업의 명맥이 유지될 수 있었던 것은 일정 편수의 영화를 제작하는 대가로 외국 영화들을 수입할 수 있는 권리를 부여받았기 때문이다. 이처럼 외화 상영으로 얻는 수입이 영화 산업 관계자들의 수익 대부분을 충당해 왔다. 그러던 중에 1989년 할리우드 영화 직배사인 UIP의 국내 진출로 영화 산업은 큰 타격을 받게 되었다. 그뿐 아니라 UIP가 홈비디오 시장용 외화 배급을 독점하면서 외화 배급권의 가격 또한 상승하게 되었고, 이에 따라 국내 비디오 산업까지 그 영향력하에 놓이게 되었다.

대기업의 자본이 영화 산업에 관심을 표명한 것은 바로 이 시기부터이다. 당시 VHS 관련 기기를 제작하던 삼성, 현대, 선경, 새한 등의 업체들은 UIP의 막대한 영향력에 보다 더 적극적으로 대처하기 위한 방편으로 영화 제작 산업에도 참여하기 시작했다. 이로써 궁극적으로는 영화뿐만이 아니라 홈비디오 시장 또한 장악할 욕심을 가지고 있었던 것이다. 따라서 이들 대기업들은 앞다투어 규모가 큰 영화에 투자함은 물론, 투자액의 회수를 위해 기획, 제작, 홍보에 이르기까지 적극적으로 관여하였다. 그러나 전국을 뒤덮은 IMF의 후폭풍으로 제작 산업에 엄청난 금액을 공격적으로 쏟아 부었던 대기업이나 창업투자회사(창투사), 벤처 기업들은 영화 산업에서 손을 떼게 되었다.

삼성, 선경과 같은 선두 주자들의 시행착오를 조심스럽게 관망하던 CJ나 롯데와 같은 대기업들은 이후 위험률이 높다고 판단한 영화 투자나 제작에는 상당히 보수적으로 접근하는 반면, 비교적 안정적인 수익을 보장받을 수 있다고 판단한 배급과 상영에 주력하게 된다. 이들 대기업은 2000년도를 기점으로 영화 시장에 진입하여 강자로써의 입지를 굳히기 시작하였다. 이와 동시에 KT와 같은 이동 통신 업체들 또한 영화 산업에 관심을 표명하였다. 갈수록 확장되어 가는 뉴 미디어 플랫폼에 발맞추어 이를 겨냥한 콘텐츠를 필요로 하던 통신 업체들이 제작사를 인수하거나 또는 출자를 통해 최대 주주가 되는 방식으로 영화 제작 산업에 상당한 영향력을 행사하게 된다.

그렇다면 과연 이처럼 2000년대 이후 대기업 자본을 모태로 성장하고 있는 한국의 영화 산업은 어떠한 구조를 띠고 있는가? 영화 산업을 이끄는 주된 기업들의 운용 형태는 어떠한가? 이들의 영화 산업 진출에 따른 음영이 존재한다면 과연 어떠한 것인가?

1. 복합 기업을 향한 행보

한국의 미디어 산업 현장에서 발견할 수 있는 특징들 중의 하나는 '복합 기업을 향한 행보'이다. 그 대표 주자로 CJ엔터테인먼트&미디어(CJ E&M, 이하 CJ)"를 거론할 수 있다.

CJ는 국내 영화 시장의 점유율 순위에서도 가히 업계 1위의 자리를 고수하고 있는데, 그 사업 구조를 보자면 우선 영화 사업 부문에서의 수직적인 통합을 이루고 있음을 알 수 있다. 수직적 통합이란 다양한 부문의 산업들이 한 거대 기업의 하부 구조 내에서 통합되어 있는 구조를 일컫는다. 예컨대, 영화 사업과 관련해서 투자, 제작, 상영 등의 각 부문들을 하나의 기업이 모두 관장하고 있는 경우라고 할 수 있다. CJ는 현재 제작 및 투자와 배급 산업에 관여하고 있을 뿐 아니라 전국 CGV 상영관의 지분 40%를 보유하여 수직적 통합 형태를 취하고 있다.

또한 CJ는 수평적 통합도 취하고 있는데, 수평적 통합이란 동일하거나 유사한 부문의 업체 간의 통합을 의미한다. 예를 들어 2005년 미국 애니메이션 기업인 디즈니Disney와 픽사Pixar의 합병 사례처럼 동종 기업 간의 결합은 산업의 규모를 보다 손쉽게 확장할 수 있고 노하우를 공유할 수 있다. CJ의 경우 영화뿐만 아니라 음악, 케이블 방송 산업에 이르기까지 포괄적인 부문에 진출해 있다. CJ는 미디어 기업들의 수평적·수직적 통합을 통해서 '거대 복합 기업'으로 거듭남으로써 '시너지' 효과를 기대하고 있다. 예컨대 CJ는 채널 CGV를 통해 자사가 투자한 영화를 거듭 방송할 수 있고 Mnet이나 Xports와 같은 케이블

채널을 통해 영화를 홍보할 창구도 보유하고 있다. 이러한 기회들을 통해 수익을 최대화할 수 있을 기회를 노릴 수 있게 된 것이다.

복합 기업을 향한 행보는 이동 통신 업체를 중심으로 진행되기도 했다. KT가 대표적인 사례라고 할 수 있는데, KT는 오래전부터 '전화국'이라는 인식이 강한 공기업이었다. 그러나 이러한 고정관념을 탈피하고 나날이 진화하고 있는 통신 기술에 활용될 플랫폼을 선점하고자, 미디어 엔터테인먼트 그룹으로서 거듭날 것을 천명한 바 있다. 이를 위해 엔터테인먼트 기업인 싸이더스FNH(대표 차승재·김미희)와 드라마 제작사인 올리브나인을 2005년 인수하여 미디어 콘텐츠 제작 시장에 직접 뛰어들기도 하였다. 한편 2007년엔 (KT의 이동 통신 자회사인 KTF와의 합병을 적극적으로 추진하여 시너지 효과를 노린 바 있으며) EBS, 디즈니, 네이버 등 각 분야별 선두 기업들과 전략적 제휴를 추진하며 '글로벌' 미디어 엔터테인먼트 그룹으로 변신을 꾀했다.[1]

그러나 그 후 뛰어든 KT나 SK텔레콤 등도 영상 산업에 대한 노하우 부족, 흥행 예측의 불확실성 등 영화 산업이 갖고 있는 본질적인 장애물을 피해가지는 못했다. 특히 충무로의 최대 제작사 중 하나였던 싸이더스FNH도 KT에 인수된 뒤 무리한 배급 사업을 벌였는데, 수십억 원을 들인 영화들이 줄줄이 고배를 마셨다.[2] 그러나 KT는 다시 미디어 기업으로서의 도약을 노리고 있다. IPTV, 콘텐츠·미디어 광고 사업부를 하나로 통합해 미디어&콘텐츠(M&C) 부문을 신설하고, 영상 분야의 전문가를 부사장으로 영입하여 미디어콘텐츠 기업으로의 탈바꿈을 시도하고 있다.●

KNOWLEDGE BOX

영화 배급*distribution*의 절차와 방식 (2001년 초반 시점)

우리가 흔히 말하는 영화 한 편은 필름이라는 매체에 기록되어 저장된다. 그런데 이 '한 편'은 정말 '한 편'만 존재하는 걸까? 만약 그렇다면 서울의 한 극장에서 개봉하는 영화를 보기 위해, 부산의 관객은 열차를 타고 서울에 올라와야만 할 것이다. 영화가 정말 단 한 편만 존재한다면, 더욱 많은 사람들이 영화를 관람할 수 없을 것이다. 그렇기 때문에 필름은 복제되어 전국의 극장으로 배포되고 상영되는 것이다. 이것이 일반적인 배급이다.

극장에 필름을 배급하는 일반적인 절차는, 우선 마스트 네거티브 필름에서 35mm 프린트를 다량 복제하여, 이 필름 복제본을 극장까지 배달하는

● 이석채 KT 회장은 "기존 통신 사업 대신 가상 재화*virtual goods*를 다루는 글로벌 콘텐츠 유통 기업으로 거듭나고자 하며, 사업 비중을 개편하여 주수입원인 유무선 통신 수입을 전체 매출의 반 이하로 낮추고 콘텐츠 비중을 높이고자 한다"는 의사를 천명한 바 있다. 이번에 영입한 콘텐츠 전문가인 김주성 부사장은 삼성영상사업단 출신으로 CJ엔터테인먼트와 CJ미디어 사장을 지낸 영화업계 전문가이다. 박찬욱 감독의 〈친절한 금자씨〉, 김지훈 감독의 〈화려한 휴가〉 등의 영화 제작과 Q채널(케이블채널)의 개국, tvN을 성장시키는 데에 일조한 바 있다. "KT, 콘텐츠 미디어 기업 탈바꿈 시동," 〈한국일보〉, 2012. 7. 5.

방식으로 이루어진다. 그런데 이 복제본의 비용이 만만치 않다. 작품을 촬영한 배우들이나 감독들의 인터뷰를 통해 우리가 알 수 있는 사실은, 영화 촬영이 '필름과의 전쟁'이라는 사실이다. 배우들은 잦은 NG로 필름을 낭비할까 걱정하고, 감독들은 더 좋은 컷을 위한 기회 비용에 대해 걱정하는 것을 보면, 값비싼 필름 가격이 얼마나 고민거리인지 알 수 있다.

배급을 위한 필름 가격도 비싼 것은 마찬가지이다. 복제를 위한 프린트 한 벌이 약 2000달러(한화 약 250만 원)인데다, 극장으로 이동하는 운송 비용에, 추가로 드는 손실, 훼손, 저작권에 대한 보험료 등의 부대 비용까지 합하면 최종적으로 약 300만 원 이상이 소요된다. 따라서 제작된 영화의 스케일이 커지면 커질수록, 전 지역에 영화 상영관이 많으면 많을수록 배급 비용은 기하급수적으로 증가한다. 실제로 2000년대 초반 전국에 약 3000개 이상의 스크린이 포진해 있었던 미국에서는, 거대 비용을 들여 제작하는 블록버스터 급의 영화를 배급하기 위해 약 750만 달러(약 80억~90억 원) 가량이 필요하다고 알려졌다.

이처럼 영화가 전국 동시 상영을 노린다면 실로 엄청난 비용이 필요하다. 결국 영화 제작사나 투자사가 차마 감당할 수 없는 수준까지 배급 비용이 치솟아, 전문 배급 회사가 등장하게 된다. 배급사들은 전국을 대상으로 영화를 상영해야 하기 때문에 광범위한 네트워크가 필요했고, 배급 시장은 기존 배급사가 세워놓은 진입 장벽으로 더욱 견고해지게 되었다. 이로 인해 새로운 배급 회사의 진입을 막는 독과점, 가격 담합 등의 폐단 또한 지적의 대상이 되기도 한다.

현재는 디지털 방식을 통해서 배급이 보다 효율적으로 전개되고 있다.[3] 디지털 배급이란 일반적인 영화 필름 복제본을 배급하는 것이 아니라, 전용 위성이나 전용 케이블망을 활용하여 디지털화된 영화 파일을 배급하는 것이다. 기존에 복제 필름을 상영하던 영사 방식과는 차이가 있기 때문에, 디지털 배급 방식 도입을 위해서는 극장마다 영사기 대신 10만~25만 달러(약 2억~3억 원) 상당의 디지털 프로젝터를 설치하는 것이 필수이다. 상영을 위한 초기 설비 투자비를 구축하는 데 있어 많은 비용이 소모되므로, 한동안은 극장 시스템을 교체하라는 배급사의 요구와 극장 간의 마찰이 있기도 했다. 그러나 디지털로 배급된 영화는 프린트 복제 시 발생할 수 있는 음질의 손실과 화질의 저하 없이 선명한 디지털 파일을 시청할 수 있으며, 무엇보다 기존 배급 비용에서 1/10 이상이 절감되는 경제적 이득이 있다.

2. 규모를 추구하다

Mnet에서 음악을 다운받던 당신은 CGV에서 상영하는 영화 시사회에 당첨이 되었다는 소식에 즐거워한다. 친구와 CGV 극장 앞 투썸플레이스에 앉아서 가볍게 차 한 잔을 하며 수다를 떤 후, 영화관에 들어섰다. 팝콘을 사고 지정 좌석에 앉아서 예고편 몇 개를 보고나니 CJ엔터테인먼트가 제작하였음을 알리는 화면과 함께 영화가 시작되었다. 공교롭게도 영화 속의 남녀 주인공이 조금 전 자신들이 앉아있던 투썸

플레이스에 앉아서 커피를 마시며 대화를 나누고 있는 것을 보고 친구와 눈웃음을 나누었다. 영화가 끝날 무렵 엔딩 신에서 들었던 OST가 너무도 마음에 들었던 당신은 Mnet 홈페이지에서 음악을 다운받은 후 다음 시사회의 당첨을 노리고 응모한다. 이러한 가상의 시나리오에 따른다면 결국 당신은 CJ라는 대기업 산하에서 치밀하게 진행되는 '미디어 융합*media convergence*' 현장에 그 일원으로 충실하게 참여하고 있는 것이다.

'융합'은 현재의 디지털 사회 전반이 맺고 있는 다층적인 결집을 설명하기 위해 수시로 언급되는 표현이다. 헨리 옌킨스의 말을 인용하면 융합이란 기술, 산업, 문화라는 측면에서 서로 관련을 맺으며 순환되는 방식을 의미하는데, 이러한 용어의 범위를 조금 더 좁혀서 미디어 산업에 응용해 보면 미디어 산업에서의 융합이란 "기존의 미디어와 새로운 미디어의 만남이나 다양한 미디어 플랫폼을 넘나드는 콘텐츠들의 흐름을 지칭"하는 것이다. 물론 보다 더 일반적으로는 "수많은 미디어 산업체들 간의 제휴*alliance*나 합병*merger*을 의미"[4]하기도 한다. 즉 각종 서비스와 마켓의 통합을 통해서 산업적인 규모를 확장하는 것을 의미하는 것이다.

미디어 기업들이 제휴나 합병 등을 통해 산업의 규모 불리기를 하는 이유는 무엇인가? 융합을 통해서 기대하는 가장 큰 효과는 무엇인가? 맥체스니는 "기업 간에 프로모션과 미디어 가치, 브랜드를 교차 판매하는 것을 가능케 함으로써, 마켓 파워를 증대시키는 판매 전략의 일부"라고 융합의 목적을 설명했다. 즉 수직적, 그리고 수평적인 통합을 통해서 관련 업체들 간의 시너지 효과를 노리는 것은 물론, 보다 많은 수익의 발생이 가능한 규모의 경제*economics of scale* 효과를 노리는 것이다. 즉 다양한 전달 방식을 활용하여 콘텐츠의 소비를 촉진시킴으로써 넓은 시장을 확보하고, 시장의 모든 정황을 제어할 수 있을 정도의 독점적 권한을 누리는 동시에, 연계된 브랜드와의 가치를 공유해서 시장에서의 우위를 선점[5]하고자 하는 것이다.

일찍부터 미국 등 미디어 강국의 기업들은 미디어 기업 합병이라는 비즈니스 모델을 통해 시장을 지배하는 강력한 효과를 톡톡히 누려 왔다. 이에 대한 실증적 사례로는 1950년대 중반 이후 미국의 디즈니 스튜디오Disney Studio를 거론할 수 있다. 어린이를 대상으로 하는 애니메이션을 제작해 온 디즈니 스튜디오는 2차 세계 대전으로 세계적인 불황 속에 해외 판매가 부진해졌고, 이에 설상가상으로 많은 제작비를 들여 제작한 〈판타지아〉(1940)가 흥행에 실패함으로써 1940년대 이후 심각한 경영 위기에 놓이게 되었다. 그들은 악화된 경영 상황을 극복하기 위해 전략의 변화를 꾀하였는데, 우선 자신들이 제작해 둔 콘텐츠를 좀 더 중점적으로 노출하기 위해서 배급 부문으로 진출하는 전략을 펼쳤다.[6] 이에 따라 1953년에는 배급사 부에나비스타Buena Vista를 설립했다. 한편 제작비가 많이 드는 삽화 애니메이션 필름보다는 자연을 촬영하는 다큐멘터리 제작이나 극영화 제작으로 전환하여 투자 위험률을 낮추고자 하였다. 그뿐만 아니라 디즈니사 텔레비전 프로그램 제작과 테마파크 건설을 통해 복합 기업체로 전환하고자 하였다. 디즈니사는 NBC 방송을 통해서 1950년 〈원더랜드*One Hour in Wonderland*〉 등 과거 자신들이 제작했던 애니메이션들을 지속적으로 방영하면서 고정적인 시청자를 확보할 수 있었다. 이후 디즈니는 〈디즈니랜드*Disneyland*〉라는 시리즈를 제작하여 ABC 네트워크를 통해 방영을 하는 조건으로 ABC로부터 테마파크인 디즈니랜드 설립을 위한 일정액의 투자를 지원받을 수 있었다. 디즈니랜드 운영을 시작한 처음 5년간은 디즈니 유한 회사와 ABC가 공동으로 지분을 소유하는 형태로 경영되었다. 건설 비용으로 당시 미화로 약 1700만 달러가 소요되었는데, 심지어 디즈니랜드에 몰릴 인파를 대비한 고속도로가 새로 개통될 정도로 매우 거대한 공사였다.[7] 물론 텔레비전은 테마파크 건설을 위한 첫 삽을 들기 시작한 순간부터 개장할 때까지 매 순간을 홍보하기 위한 긴요한 수단으로 적극 활용되었다. 다시 말해 디즈니 TV 프로그램은 자사의 콘텐츠를 끊임없이 재방송할 수 있고, 디즈니가 제작 중인 작품을 포함해서 그들의 테마파크에 지속적으로 몰입할 수 있도록 유도하는 홍보물로서의 역할을 충실하게 한 것이다.

물론 이와 같은 디즈니사의 복합 기업화 전략은 시대적인 흐름에 발맞추어 변화할 수밖에 없었다. 예컨대 1980년대 이후 몇 년간 디즈니사는 '인색한 오리*Scrooge McDuck*'로 불릴 정도로 투자에 보수적인 자세를 유지해 왔다. 즉 일반 스튜디오가 사용하는 것보다 30% 정도 적은 제작 예산을 사용했고, 제작비를 많이 요구하는 거물 감독보다는 스튜디오와 친밀한 관계에 있는 감독이나 신참 감독들과 작업했다. 그러나 이렇게 제작비를 감축했음에도 불구하고 테마파크의 수익 구조가 불안해지는 것에 더해 경영진 간의 불화마저 일어나면서 디즈니사의 양적인 성장 속도는 느려지기 시작했다. 이를 타개하기 위해 당시 디즈니사의 회장이었던 마이클 오비츠는 다시 한 번 통합의 전략을 사용한다. 즉 과거 1950년대에 그러하였듯이 본격적으로 수직적인 통합 전략을 구사해서 사업 규모를 확장하고자 한 것이다. 그 결과 1995년 190억 달러에 방송 네트워크인 ABC를 대대적으로 인수했으며, 코카콜라나 맥도날드와 같은 식품업체들, 그리고 장난감 제조업체 등과도 제휴를 맺었다. 이러한 수직적 확장을 통해 영상 산업계의 최고 라이벌사인 타임워너와 함께 정식으로 영화 산업을 선도하는 그룹이 된다.[8]

결국 이와 같은 성공을 통해서 규모를 '키우면 키울수록 좋다'라는 디즈니사의 경영 전략이 마치 진리인 것처럼 미국을 포함한 전 세계의 미디어 기업의 경영 전략에 큰 영향력을 행사하게 된 것이다.

3. 독과점에 대한 논란

2000년대 이후 CJ나 롯데, KT 등 대기업의 막대한 자본력이 미디어 엔터테인먼트 시장에 유입되면서 충무로로 대변되며 기존 영화 시장을 이끌던 제작사나 배급사들은 이들에 흡수되거나 합병되기도 하고, 몇몇 업체들은 작품의 흥망성쇠에 따라서 간신히 그 명맥을 유지하거나 도산하기도 하였다. 바꾸어 말하면 현재 국내 영화계는 제작에서부터 배급은 물론 상영관 체인을 보유하고 있는 엔터테인먼트 복합 기업들이 주도적인 입지를 구축하고 있는 한편, 명필름, JK필름, 태원엔터테인먼트와 같이 콘텐츠 제작에 특화되어 제작의 노하우를 보유하고 있는 제작사나 백두대간, 미로비전과 같은 몇몇 소규모 배급사 정도로 양분되어 있다는 것을 알 수 있다. 대규모 업체들의 등장으로 인해 영화 시장의 경쟁력 강화에 도움이 되고 장기적으로 시장의 성장세를 도

모할 수 있다는 시각을 배제할 수는 없다. 그러나 이와 동시에 고려해야 할 것은 이러한 거대 업체들의 등장으로 인한 '독과점'이라는 이슈이다. 특히 '배급과 상영의 독과점'에 따른 폐단은 현재 가장 큰 논란거리로 부상하고 있다.

이를 조금 더 자세히 살펴보자. 투자 배급사로서 우위를 선점하고 있는 CJ는 2011년을 기준으로 전국 스크린의 거의 절반인 834관의 스크린을 보유하고 있다.[9] 롯데쇼핑 산하에 배급사 파트를 구성하고 흥행 보증 수표인 감독들의 차기작을 주로 배급하기 시작하면서 배급 시장에 적극적으로 뛰어들고 있는 롯데엔터테인먼트는 전국 500개관 이상의 스크린을 보유하고 있다. 한편 쇼박스와 같은 경우엔 같은 오리온 계열사였던 메가박스가 2007년 맥쿼리 펀드에 매각되면서 세력이 약해지고는 있지만 여전히 그 영향력은 지속되고 있다고 봐야 할 것이다. 이들 업체들이 거대한 자본력을 동원해서 영세한 제작사나 배급사 혹은 상영관의 자율성을 제어하게 된다면 그 영향력 밖에서 제작되거나 배급되는 영화들은 소개될 기회를 박탈당하고, 영화 산업의 진입 장벽이 더욱 높아지게 된다.

실제 이러한 염려는 단지 기우로만 끝나지 않았다. 현재 국내의 영화 배급은 '직접 배급'과 '간접 배급'이라는 두 가지 형태로 주로 운영되고 있다. 직접 배급이란 서울 기점으로 부산, 대구, 대전, 광주 등 대도시의 경우 영화 배급사가 해당 지역 극장과 영화 배급 계약을 직접 맺고 상영용 프린트를 넘겨서 상영한 후에 계약서 약정대로 흥행 수입을 배분하는 방식을 일컫는다. 한편 간접 배급이란 CJ엔터테인먼트나 시네마서비스와 같이 서울에 근거지를 둔 중앙 배급사가 각 지역을 관할하는 중간 배급사와 배급 대행 계약을 맺고 상영용 프린트를 공급하는 방식을 일컫는데, 이는 통상 경기·강원 지역권, 경남·경북 지역권 등을 중심으로 행해진다. 이 경우에 중앙 배급사는 배분받은 수익 금액 중에서 10~15%를 중간 배급사에 지불한다. 따라서 "우라 퍼센트 방식 간접 배급"이라고 지칭되는 이러한 방식은 특정 지역의 상영 수입을 인접 대도시 상영 수입을 기준으로 해서 설정하는 방식이다. CJ나 롯데엔터테인먼트의 경우처럼 현재 대규모 배급사들은 가능하면 상영관을 직접 운영하여, 중간 배급사를 통할 경우 드는 배급 수수료를 절감함으로써 수익을 최대화하고자 한다. 아울러 투자와 배급을 동시에 운용하면서 자사 영화 위주로 상영해서 관객들이 자사의 작품에 최대한 관심을 갖도록 유도한다. 따라서 자사의 투자 작품으로 종종 과도하게 스크린을 장악함으로써 타사가 투자한 작품의 상영이 거의 불가능하게 만든다. 또한 자사 계열의 투자사가 투자하지 않은 작품이 계열사 상영관에 상영될 경우에, 통상적으로 최소 2주 정도의 상영 기간을 보장하던 관례조차 무시하고 일방적으로 변칙 상영을 하거나 조기 종영함으로써 다른 배급사에 손실을 야기하는 경우도 있다.

조기 종영의 대표 사례는 〈집행자〉의 경우이다. 2009년 11월 5일 전국 247개 상영관에서 개봉, 첫 주에 20만 관객을 동원하여 2위의 성적을 보이며 출발했다. 그러나 둘째 주부터 관람하기 어려운 조조와 심야 시간대로 작품을 배정하면서 주말 관객이 급감하기 시작해 교차 상영의 피해를 단단히 입게 되었다. 이는 한 주 뒤 개봉하는 할리우드 블록버스터 〈2012〉의 상영관을 확보하려는 극장의 계책이었다. 실제 〈2012〉는 첫 주말 전국 858개 상영관에서 130만이 넘는 관객을 동원했다. 국내 극장 전체의 1/3이 넘는 상영관을 한 영화가 차지해 버린 것이다.

또한 변칙 상영의 예로는 2010년 5월 27일 개봉한 〈꿈은 이루어진다〉의 경우를 들 수 있다. 220여 개 스크린에서 개봉한 이 작품은 개봉한 지 채 일주일이 되지 않은 상황에서 30% 이상의 스크린에서 조기 종영됐고, CJ엔터테인먼트 계열사인 CGV에서는 상영 2일 만에 한 스크린에서 다른 영화를 변칙적으로 상영하거나, 5월 27일에서 6월 6일까지 총 11일 동안 6차례나 스크린을 바꿨다. 이 당시 〈꿈은 이루어진다〉와 함께 상영했던 작품들은 개봉 전부터 언론의 관심 속에서 흥행 순위 상위를 차지하던 배급사들이 수입 및 배급하여 와이드 릴리즈 방식으로 상영한 대작들이었다(〈로빈후드〉, 〈드래곤 길들이기〉, 〈페르시아의 왕자: 시간의 모래〉 등). 따라서 CJ엔터테인먼트는 자신들이 배급을 담당하긴 하였지만 배급 수수료와 상영관 부금 수익률을 높일 수 있는 전략적 선택으로 〈꿈은 이루어진다〉를 포기하는 대신 〈드래곤 길들이기〉(자사 수입, 배급), 〈방자전〉(자사 투자, 배급)의 상영에 집중했던 것이다.

이러한 불법 행위에 대해 한국영화제작자협회는 지속적으로 해당 업체에 항의 공문을 보내고, 영화진흥위원회, 공정거래위원회, 문화부 등 영상 기관에 시정 조치를 요구하는 공문을 발송하고 있다. 하지만 이러한 시정 명령에도 불구하고 여전히 조기 종영과 변칙 상영은 개선되지 않고 있다. 이에 대해 제작사가 책임을 배급사에 물으면, 배급사는 상영관 측으로 책임을 전가하고 있어 결국 제작사 측만 피해를 입는 사태가 발생하기도 한다. 최근 2011년 영화진흥위원회(이하 영진위)

는 상영관의 독식을 강제하는 표준상영계약서 권고안을 발표[10]했으나 이 역시 법적 강제력이 없는 말 그대로 '권고'이기 때문에, 멀티플렉스 등 대형 상영관들이 이를 적극적으로 수용할지는 의문이다.

KNOWLEDGE BOX

미국 미디어 산업의 역융합*De-convergence* 현상

디즈니사의 확장 사례에서 알 수 있듯이 '융합*convergence*'이 미국 미디어 산업 경영 전략의 중요한 특징 중 하나라는 점에는 반론의 여지가 없다. 그러나 융합, 즉 수많은 미디어 산업체들 간의 제휴*alliance*나 합병*merger*을 통해서 산업의 규모를 확장하는 전략이 언제나 통하는 것은 아니다. 실제 공격적인 합병을 통해 규모의 확장을 꾀한다고 할지라도 그에 비례해서 경제적인 위험도 더욱 커지기 마련이다. 성공적 확장 사례로 자주 회자되는 디즈니사의 경우에도 지나친 내부 간섭에 대한 기존 ABC 직원들의 불평과 국내 텔레비전 네트워크의 순위 하락 등의 연이은 악재로 인해 합병으로 인한 시너지는 처음부터 쉽게 나타나지 않았다. 아울러 더욱 중요한 사실은 미국의 미디어 산업의 역사를 살펴보자면 '역융합*De-convergence*' 현상 또한 융합에 못지않게 중요한 경영 전략의 하나라는 점이다. 이는 특히 1990년대에 전통적 엔터테인먼트 기업과 컴퓨터, 인터넷 등 신생 디지털 기업과의 융합 과정에서 두드러지게 나타나고 있다.

사실 처음부터 온라인을 기반으로 하는 신생 디지털 기업이 전통적인 엔터테인먼트 기업과 좋은 파트너 관계를 유지한 것만은 아니었다. 인터넷 사용자들이 급증하는 것에 비례하여 콘텐츠의 불법 다운로드 횟수는 급증했으며, UCC같이 기존의 콘텐츠를 바탕으로 새로이 만들어 내는 메타텍스트 등이 성행하게 되자, 영화계에서는 해당 콘텐츠에 대한 저작권과 소유권 등을 강력히 주장하기에 이르렀다. 그러나 이와 동시에 전통적인 엔터테인먼트 기업들은 온라인이 관객들과 보다 친숙히 접촉할 수 있을 뿐 아니라 잠재적 고객을 유치할 수 있는 홍보 수단임을 놓치지는 않았다. 온라인을 통한 입소문이 마치 바이러스 감염과 같이 신속하고도 광범위하다는 맥락에서 '바이럴 마케팅*viral marketing*'이라 지칭되는 마케팅 기법이 웹과 SNS 등을 중심으로 잠재적인 관객을 유치하는 대표적인 마케팅 전략으로 활용될 수 있음을 놓치지 않았던 것이다. 이 때문에 전통적인 엔터테인먼트 기업들은 이른바 적과의 동침을 꾀하고자 하였다.

그러나 기존 엔터테인먼트 기업은 IT업계와의 제휴를 통해 결국 지금껏 일관되게 지지해 온 경영 구조와 가치에 대한 제고의 필요성을 느끼게 되었다. 실제로 전통적인 미디어 기업은 인터넷 벤처와의 제휴를 통해 어떤 모종의 이익도 이끌어 낸 바 없다.[11] "버블의 붕괴,"[12] "역사상 가장 큰 재앙이 된 합병"[13]이라는 수식어만을 남긴 채 2009년 타임워너Time-Warner와 아메리칸 온라인AOL Internet Unit이 결별한 사례[14]가 이를 잘 보여 준다. 2000년대 들어서 이른바 '닷컴 버블(.com bubble)'이 일었던 당시 미국 최고의 온라인 서비스 업체로서 웹 시장을 개척한 아메리칸 온라인과 전통적인 미디어 강자 그룹인 타임워너와의 만남은 전 세계를 통틀어 인터넷과 미디어의 대규모 결합이라는 대대적인 합병으로 주목받았다. 그러나 새로운 미디어의 시대를 열 것이라는 기대와 달리 새로운 기술은 또 다른 새로운 기술에 밀렸다. 초고속 광대역 네트워크의 등장과 함께, 2000만이 넘던 AOL 가입자는 분사를 선언할 즈음인 2009년 630만 명으로 줄어들고 말았다. 결별을 앞둔 시기에 타임워너의 시가 총액은 불과 360억 달러로, 2000년 1820억 달러로 사들였으니 1460억 달러가 허공으로 날아간 셈이다. AOL의 시가 총액은 더 보잘것없는 25억 달러에 불과했다. 유럽에서도 2005년 프랑스의 미디어 그룹 비방디Vivendi와 유니버설 엔터테인먼트Universal Entertainment Business도 일찍이 융합을 시도했다가 씁쓸한 결별을 선택한 바 있다.

따라서 지금의 할리우드 미디어 기업들에게는 반드시 더 큰 것만이 미덕이라거나 적과 함께 적을 상대한다는 위험한 믿음이 통용되던 시점은 이미 지났다. AOL타임워너와 비방디의 경우 오히려 역설적이게도 변화를 위한 진정한 성장을 이루기 위해 지금까지 추진해 온 규모 위주의 팽창 정책을 수정하기 위해 분주하다.[15] 즉 '콘텐츠'가 원래부터 왕이었고 지금도 변함없이 왕이라는 생각을 다시금 굳히게 된 것이다. 본래부터 양질의 콘텐츠 중심으로 강세를 누렸던 미디어 기업들은 이제 기업의 역융합을 통해서 자생력 강화에 주력하고 있다. 강력한 애니메이션 라이벌 회사인 디즈니와 픽사가 2005년 손을 잡은 이유는, 오랫동안 콘텐츠를 생산해 온 디즈니의 노하우와 신생 기업이지만 재기 넘치는 아이디어와 소재로 무장한 픽사의 만남이 그 어떤 거대 기업과의 융합보다도 시너지를 낼 수 있다고 판단했기 때문일 것이다. 또한 2006년 구글Google과 유튜브Youtube라는 뉴 미디어 기업 간의 수평적인 통합 역시 사용자들이 콘텐츠를 보다 확장되고 다양한 공간을 통해 상호 간에 즐길 수 있도록 하는 동등한 만남이었다. 이러한 사례에서도 알 수 있듯이 현재 할리우드에서는 수평적 융합 현상과 동시에 역융합 현상 또한 빈번하게 발견할 수 있다.[16]

주

1. "KT, 통신기업?… 이젠 미디어엔터테인먼트그룹으로!," 〈서울경제〉, 2008. 3. 27.

2. "차승재 · 김미희 빠진 싸이더스FNH '낮은 포복' 언제까지 계속되나?," 〈TVReport〉, 2011. 6. 28.

3. 유선실, 〈인터넷 영화의 현황과 전망, KISDI IT FOCUS〉, 정보통신정책연구원, 2000.

4. H. Jenkins. *Convergence culture*, New York University Press, 2006, pp.2~3.

5. 앞의 책, p.19.

6. C. Anderson, "Disneyland," in H. Newcomb (eds.), *Television, the critical view*, Oxford University Press, 1994, pp.70~86.

7. http://www.justdisney.com/disneyland/history.html

8. 영화진흥위원회, 〈미국 영화 산업백서〉, 2002, pp.32~33.

9. 영화진흥위원회, 〈2011년 전국 4대 브랜드별 멀티플렉스 현황〉, 2011.

10. "영진위 "최소상영기간 보장하라" – 극장측 "작은 영화만 손해볼 뿐"," 〈문화일보〉, 2011. 7. 21.

11. Manuel Castells, *The internet galaxy: Reflections of the internet, business, and society*, Oxford University Press, 2001, pp.188~190; 진달용, "De–convergence: A shifting business trend in the U.S. digital media industry," 〈미디어경제와 문화〉, 2009, 7–1, pp.7~44에서 재인용.

12. 니나 뭉크, 《버블의 붕괴: AOL타임워너 빅딜 신화의 시작과 끝》, 이미정 옮김, 조선일보사, 2004.

13. "IT 역사상 가장 '재앙'이었던 10대 인수합병," 〈전자신문〉, 2011. 8. 21.

14. "타임워너, AOL 9년 만에 결별," 〈국민일보〉, 2009. 5. 29.

15. 로버트 토마스코, 《거대기업의 종말》, 나중길 옮김, 토네이도, 2007, p.27.

16. 진달용, 2009, p.30.

chapter 2

한국 영화, 세계를 향하다

1. 할리우드, 발리우드 그리고 한류우드

할리우드의 해는 과연 언제 질 것인가? 국내 영화 산업은 과연 할리우드의 침투에 대항할 수 있을 것인가? 이러한 질문은 이미 할리우드가 '꿈의 공장*Dream Factory*'[1]으로 불리던 1930년대부터 전 세계 각지에서 수없이 논의되어 왔다. 매혹적인 선남선녀들이 단순한 서사 구조와 행복한 결말을 통해 환상과 대리 만족을 던져 주는 할리우드 영화는 일찍부터 유럽을 비롯해서 남미를 포함한 전 세계의 지식인들에게 '문화적 침탈'의 하나로 간주되며 '문화 제국주의*cultural imperialism*'라는 화두를 통해 그 영향력에 대해서 논의되어 왔다.

물론 할리우드가 전 세계 영화 산업에서 차지하는 비중이나 그 영향력은 오늘날에도 결코 무시할 수 없는 수준이다. 예컨대 2010년 세계 영화 시장의 권역별 규모를 살펴보면 북미권이 378억 9300만 달러로서 가장 큰 비중을 차지하고 있으며 그다음으로 유럽권, 아시아권, 오세아니아권의 순으로 나타나고 있다. 즉 세계 영화 시장에서 가

장 큰 비중을 차지하고 있는 곳은 미국, 캐나다 등의 북미권으로 약 43.1%를 차지하고 있다.[2]

매년 평균적으로 500~700편의 영화를 쏟아내는 미국 영화 제작 편수의 25~30% 정도는 메이저 영화사의 제작을 통해 생산되는 할리우드 상업 영화라고 할 수 있다. 미국영화협회MPAA에 따르면 2010년 미국에서는 660편의 영화가 제작되었는데 그중에서 예술, 독립, 저예산 영화 등이라고 분류할 수 있는 작품들을 제외하고 나면 상업 영화는 전체 제작 편수의 25%도 채 미치지 않는 160편 정도이다. 그러나 문제는 바로 이 160편의 수익이 미국 전역 박스오피스 수익의 94%(99억 달러, 한화 10조 9000억 원)를 차지한다는 점이다.[3] 그뿐만 아니라 이 160편의 할리우드 상업 영화들은 전 세계 영화 시장에서도 상당한 수익을 차지하고 있다. 바로 이러한 이유로 세계 각국은 상대적으로 취약한 영화 산업을 보호하고 자국의 고유한 문화적 정체성을 고양해야 한다는 취지로, 스크린 쿼터제와 같은 각종 보호 정책을 펼치면서 할리우드를 견제하고 있다.

영화 산업의 초창기부터 현재에 이르기까지 줄곧 할리우드 영화 산업이 그 규모에서나 매출에 있어서 우위적 지위를 선점해 온 것은 사실이다. 그러나 여기서 강조하고 싶은 점은 이와 같이 할리우드가 우월한 지위를 보유하고 있다고 해서 영화라는 콘텐츠의 흐름이 일방적으로 할리우드에서 전 세계로 유통되고 있지만은 않다는 것이다. 실제 향후 5년간 전 세계 영화 시장 규모가 전반적으로 성장 추세로 전환하리라는 예상이 지배적인 가운데, 비교적 신생 시장이라고 할 수 있는 중남미권 영화의 경우엔 한 해 9.4%라고 하는 높은 성장률을 보이고 있다. 그뿐만이 아니라 중국이나 인도 등 최근 경제적으로 급성장하고 있는 국가들이 포함된 아시아권은 북미나 유럽권에 비해 영화 시장 성장률이 상대적으로 높게 나타나고 있다.[4] 이를 통해 짐작할 수 있듯이 세계 곳곳의 영화 산업 또한 적극적인 제작과 배급망의 확충을 통해 내외형적인 성장을 꾀하고 있다. 이와 같이 각국의 영화 시장이 성장세를 띰에 따라 영화를 포함한 문화 콘텐츠들의 흐름이 그 생산과 유통에 있어서 점차 다원화되고 있음을 발견할 수 있다.

'발리우드Bollywood'는 다원화 현상에 대한 좋은 사례이다. 이미 전 세계에서 가장 많은 수의 영화를 제작하고 있는 인도의 영화 산업을 의미하는 '발리우드'는 역시 그 명성에 걸맞게 2009년 기준으로 한 해 제작 편수가 1288편에 관객 수가 약 29억 명으로서 내수 시장에서의 영화 점유율은 89%에 달한다. 자국민의 사랑과 지지를 한몸에 받는 영화 산업의 메카인 인도는 세계에서 제일 큰 규모의 스튜디오도 보유하고 있다. 1998년에 개관 이후 최신 설비와 규모를 자랑하는 '라모지 필름 시티Ramoji film city'는 공동 투자 등의 방식으로 여러 외국 영화들의 현지 제작도 유치하면서 세계 영화인들의 주목을 받는 유연한 방식의 스튜디오로 자리 잡고 있다.

한편 영화 제작의 불모지라고까지 여겨졌던 아프리카에서도 나이지리아가 새로운 영화 제작 강국으로 떠오르고 있다. 이미 아프리카 대륙에서는 할리우드 영화보다 '날리우드Nollywood'라고 불리는 나이지리아 영화가 더 많이 팔리면서 열풍을 일으키고 있다.[5] 나이지리아 영화인들은 1편의 영화를 찍는 데 국내의 웬만한 독립 영화 한 편 제작비로도 어림없는 액수인 1600만~3300만 원 정도의 예산으로 2주

내에 속성으로 완성해 내고 있다. 덕분에 연간 제작 편수가 1000편을 넘어서 이른바 '발리우드'의 제작 편수에 육박하고 있다. 물론 속성으로 제작되고 있는 탓에 영화적인 완성도가 높지는 않지만 아프리카 대륙이 현재 겪고 있는 다양한 이야기를 담고 있어 아프리카 관객의 적극적인 공감대를 얻고 있다. 그뿐 아니라 1.5달러(한화 약 2300원)라는 부담 없는 티켓 가격으로 하루에만 무려 15만~20만 장이 팔려나가는 문화 산업으로서 급성장하고 있다.

아시아권을 살펴보자면 최근 한국 영화의 약진을 손꼽을 수 있다. 1990년대 초반까지만 하더라도 한국 영화의 수출은 고작 10여 편에 그쳤고 편당 평균 수출액도 1만 달러(1995년을 기준으로 대략 800만 원) 정도였다. 이렇듯이 수출 시장의 규모나 입지는 제작비를 회수하기 위한 취지에도 턱없이 모자랄 정도로 협소했다. 그러나 한국형 블록버스터를 표방한 〈쉬리〉(1998)의 개봉을 기점으로 한국 영화 시장의 수출 규모는 급성장하기 시작했다. 편당 평균 수출 가격은 10만 달러 이상으로 상승하여 당시 수출액은 307만 달러를 기록하였는데, 이는 전년에 대비하여 무려 525%의 증가율에 달하는 수치이다. 이러한 상승세는 2001년으로 이어져 해외 수출액은 1000만 달러 이상(11,249,573달러)을 달성하였다.[6] 이와 같은 수출의 상승세는 2005년까지 이어졌지만 2006년에 접어들면서부터 편당 평균 가격이 급격하게 감소했고 수출을 통한 매출액 또한 기대에 못 미쳤다. 즉 2005년 편당 평균 수출 가격이 37만 6000달러로 총 매출액 7599만 5000달러에 이르렀던 수출 시장은 2006년에는 편당 평균 가격은 11만 8000달러에 총 매출액 2451만 5000달러로 결국 전년 대비 약 1/3 정도의 수준에 달하는 저조한 판매 실적을 보였다.[7] 그러나 2006년도 이후 쇠락했던 수출 실적은 최근 다시 호조를 보이기 시작했다. 2011년도의 경우 총 판매 편수는 366편으로 편당 평균 가격 4만 479달러 선을 유지하면서 수출 총액 1582만 6000달러에 달하고 있다. 이는 곧 음악과 텔레비전 드라마 시장을 중심으로 활발하게 전개되는 한류 시장에 한동안 침체기를 겪었던 한국 영화에 대한 외국 관객들의 수요가 다시금 불고 있다는 사실에 대한 반증으로 파악된다.

물론 한국 영화가 가장 많이 팔리는 권역은 아시아 지역이다. 2011년 전체 수출액수의 56.9%를 아시아 시장에서 거두고 있다는 사실이 이를 잘 입증하고 있다. 특히 중국으로의 수출액수가 전년도에 비해서 약 2배에 가까운 100만 달러에 달하고 있는데, 이는 한국 영화 흥행작들의 인터넷 판권을 중국에서 다량 구매하면서 나타난 결과다. 그러나 유럽 지역으로의 수출액은 약 352만 달러로 전년 대비 22.0%가 하락하였는데, 그 이유는 유럽의 장기적인 경제 침체로 인한 수출 단가의 하락과 더불어 그간 유럽 지역에서 인기 있었던 감독들의 작품이 예년에 비해 많이 제작되지 않았기 때문이다.[8]

인도, 아프리카 그리고 아시아권에서 영화 수출의 성과를 올리고 있는 몇몇 국가들의 사례에서 알 수 있듯이, 영화 생산과 유통은 미국에서 전 세계를 향한 일방적 흐름이라기보다는 점차 다원화되고 있다고 파악해야 한다. 즉 할리우드라는 '매크로 센터*macro-center*' 외에 새로운 마이크로 센터*micro-center*[9]들이 등장하고 있는 것이다. 여기서 마이크로 센터란, 할리우드같이 문화적 중심부라 지칭되는 곳보다는 그 규모가 작을지라도 문화 콘텐츠 생산과 유통은 대내외적으로 충분한 경쟁력을 갖추고 있는 현지 시장 세력을 의미한다. 그렇다면 이와 같이 자국의 경계를 넘어서 인접 국가의 광역권으로의 진입을 지향하는 새로운 영화 산업 주체들이 증가하게 된 이유는 과연 무엇으로 설명할 수 있을까? 이는 우선 문화적 근접성이라는 이론으로 설명이 가능하다.

문화적 근접성

대다수의 문화 수용자들의 경우엔 선택의 여지가 있다면 자국의 문화적 가치를 포함한 콘텐츠나, 자국과 문화적으로 유사한 인접국의 문화 콘텐츠를 할리우드 영화보다도 오히려 선호하는 경향이 있다. 이러한 현상은 '문화적 근접성*cultural proximity*'[10]이라고 하는 이론적 개념으로 설명할 수 있다. '문화적 근접성'이란 자국의 콘텐츠가 부재할 시에 문화 수용자들이 자국의 문화와 유사하거나 또는 지리적으로 근접한 국가의 콘텐츠를 선호하는 현상을 설명하는 개념이다. 즉 익숙함이나 동질성에서 오는 편안함 때문에 문화 수용자들이 인접 국가의 드라마나 영화들을 대체재로 이용하게 되는 것이다. 이와 같이 '문화적 근접성'이라는 개념을 이해하면 '문화적 할인' 현상 또한 쉽게 이해할 수 있을 것이다. 문화 수용자들이 동질성이나 공감대 등을 이유로 자국의 콘텐츠를 선호하는 동시에 타국의 콘텐츠에 대해서는 이질감을 갖는 것을 '문화적 할인' 현상이라고 지칭한다. 관객이나 시청자들은 자국에서 제작된 영화나 TV 프로그램 등을 통해서 생각을 공유하고 교감을 나누며 동질성을 확인할 수 있다. 따라서 이질적인 문화권에서 제작된 영화나 드라마에 등장하는 생활 방식이나 가치관, 신념이나 행동

양식 등이 자국의 문화와 상이한 경우엔 그 매력은 반감될 수밖에 없는 것이다.[11] 결국 바꾸어 말하자면 영상물의 가치는 국경을 넘으면서 문화적인 할인율이 높아질 수밖에 없다.

바로 이러한 이유에서 수출입 국가 간에 문화적 유사성이 높은 경우에는 해외 시장의 진입 성공 확률이 높아질 수 있다. 예컨대 최근 한국 드라마나 영화 등이 인접국인 일본과 중국, 나아가 동남아시아 등지에서 급격하게 소비가 늘었다는 점도 바로 이에 대한 좋은 사례라고 할 수 있다. 불교나 유교 문화의 영향, 식민지 경험 그리고 독립 전쟁의 경험 등, 많은 아시아 국가들이 공유하는 문화적 근접성이 한국의 드라마나 영화가 수출될 수 있는 기본적이고 정서적인 토대로 작용했다고 할 수 있다.

KNOWLEDGE BOX

문화제국주의*Cultural Imperialism*

문화제국주의는 기본적으로는 1960년대 라틴 아메리카 지식인들을 중심으로 하여 제기된 '종속 이론*dependency paradigm*'에 맥을 두고 있다. 즉 서구 국가들, 그리고 그 외의 나머지는 제3세계라는 식의 이원론으로 구분한 다음, 영국이나 프랑스 등에 의한 식민지 지배의 경험을 가진 국가들이 지배 국가로부터 독립한 이후에도 여전히 이들에게 경제적으로 정치적으로 그리고 문화적으로 의존하고 있는 현실에 주목, 이에 대한 비판적인 시각을 견지했던 종속 이론과 맥락을 같이 한다.

대표적인 학자로는 허버트 실러[12]를 거론할 수 있다. 문화제국주의 이론의 기본적인 개념들은 다음과 같다. 첫째, 문화 상품 생산력의 차이를 국가적인 차원에서 논의하고 있다. 즉 미국과 같이 문화 상품 생산력을 가진 중심 국가가 있는 반면 문화 생산력에 있어 주변 국가라는 식으로 분류함으로써 국가적인 차이를 강조하고 있다. 둘째, 문화 상품의 전 세계적인 흐름에 있어 불균형이 존재함을 인식하고 있다. 셋째로 서구 사회와 제3세계의 문화에는 본질적인 차이가 존재하고 있다는 가정하에, 서구의 문화 상품의 제3세계에 대한 영향력이 일방적일 뿐 아니라 강력하다고 주장한다. 즉 문화 지배라는 용어에서도 알 수 있듯이 개인주의나 물질만능주의를 숭상하는 서구의 문화 상품들이 집단주의를 숭상하는 제3세계에 유입되면서 이로 인해서 토착민들은 결국 자신들의 고유한 문화적 정체성을 상실하고 개인주의나 물질주의와 같은 서구적 가치관을 추구하게 된다는 것이다. 이를 통해 결국 서구의 문화적 지배가 강화된다는 것이다. 넷째, 문화 상품의 불균등한 흐름에 대한 규제와 감시가 필요함을 강조한다. 즉 정책적 차원에서의 문화보호주의를 주창하고 있다.

그러므로 문화제국주의 이론에 따르면 개인주의나 소비주의와 같은 가치관을 담고 있는 서구 문화 상품의 유입으로 발생하게 될 '문화적 동질화 *cultural homogenization*'를 경계하기 위해서는, 자유 무역에 기초하고 있는 자본주의 체제에서 벗어나 독자적인 노선을 견지하는 것만이 고유의 전통을 지키며 진정한 의미의 '개발'로 나아가는 길이라고 본다.

그렇지만 이와 같은 문화제국주의 이론에 대해 많은 학자들이 인식론적인 차원에서의 문제점들을 제기한다.[13] 우선 거론할 수 있는 것은 문화제국주의의 기본적 패러다임에 있어서의 오류이다. 문화제국주의론에서는 국가 간 콘텐츠 생산력의 차이에 주목하고 서구에 의한 일방적·문화적 패권을 지나치다고 할 정도로 강조하고 있다. 그러나 이러한 이론은 문화 생산이라는 관점에서 탈중심화와 다중심화가 진행되고 있으며 유통의 다방향성 증가로 인해서 문화 권력이 재배치되고 있는 현실을 간과하고 있다. 예컨대 라틴 아메리카의 텔레비전 드라마나 아시아 국가들의 영화들이 미국이나 유럽에 유입되는 현상을 충분히 설명하지 못한다. 미국 영화나 드라마는 미국이라는 특정 민족 국가의 소유라기보다는 국경을 넘어 생산되고 소비되는 초국가적 상품인 만큼, 문화제국주의론에서의 국가 단위에 기초한 문화 상품의 생산이나 유통이라고 하는 인식론적인 틀에 대한 수정 또한 필요하다. 아울러 문화에 대한 본질적인 차이점을 강조한 '근본주의적인 사고*essentialism*'도 문제가 되는 부분이다. 서구뿐 아니라 제3세계의 문화 역시 유동적이고 상호구성적 관계에 놓여 있다. 언어, 음악, 또는 미술이라는 영역만을 살펴보아도 어느 국가를 막론하고 타 문화와 접촉하고 영향을 주고받고 이를 통해 새로운 문화적 조합을 만들어 내는 일은 빈번하게 발견할 수 있다.

한편 문화 소비자 차원에서 서구 문화에 대한 지배적·일방적·문화적 영향력에 대한 우려도 문제가 있다. 수용자라는 그룹은 실로 다양한 층위로 형성되어 있는 만큼 외국 프로그램에 대한 수용 태도 또한 문화제국주의론에서와 같이 일방적인 주입식 모델로만 설명할 수는 없기 때문이다.

미국 드라마의 한국 수용자들에 대한 연구가 이에 대한 좋은 사례라고 할 수 있을 것이다. 〈위기의 주부들〉이라는 미국 드라마에 대해 20대와 30대 중산층 시청자 9명을 대상으로 한 연구에서, 연구자는 수용자들이 가상적인 픽션을 마치 미국의 현실을 그대로 반영한 것처럼 이해하고 이 드라마를 통해서 미국과 한국의 문화적 정체성이나 차이점을 비교한다는 연구 결과를 제시하였다. 인터뷰 대상들 중에서 미혼의 젊은 여성들은 이 프로그램에서 보이는 미국의 가족 문화를 이상화하며 미국에서의 젠더 역할에 대한 환상을 가지고 있었다. 즉 양성 평등적 공간으로 미국을 인식하고 이를 일종의 비교의 준거 틀로 삼아 이상화하고 동경하는 것을 발견할 수 있었다. 반면 남성 인터뷰 대상자들은 결혼이라는 제도에서의 일탈을 꿈꾸는 여성 캐릭터들에 대한 불쾌감을 표현하면서 미국을 한국보다 결코 우월하거나 발전된 공간으로 간주하지 않았다.[14] 이러한 연구에서 볼 수 있듯이 미국 드라마의 시청이 미국에 대한 동경을 일방적으로 부추길 수는 없는 만큼 문화 상품의 흐름을 제국주의라는 틀을 통해서만 개념화한다는 것은 지나치게 단순한 사고방식이라고 할 수 있다.

수용자에 대한 일방적인 효과라는 맥락에서 또한 문화제국주의론이 간과하고 있는 사실은 '문화적 할인' 현상이다. 즉 하나의 특정한 문화권에서 제작된 텔레비전 드라마, 영화 등은 그 문화권 내에서는 수용자들이 쉽게 공감대를 형성할 수 있는 만큼 소구력이 강할 수 있지만 다른 문화권에서는 그 소구력이 상당히 줄어들 수밖에 없다는 것이 문화적 할인 현상이라는 개념이다. 즉 가치관이나 믿음, 사회문화적 역사와 물리적 환경 그리고 제도적인 장치 등에서 각 국가마다 차이가 있는 만큼 다른 문화권에서 성장한 소비자들에 대한 소구력은 감소될 수밖에 없다는 것이다.[15]

이렇게 문화제국주의론의 인식론적 가정의 문제점들이 부각되면서, 최근 학자들 일각에서는 암묵적으로 문화 상품의 자유로운 흐름을 옹호하는 '문화적 다원주의*multiculturalism*'를 지지하기도 하였다. 그렇다면 과연 문화 상품의 국제적인 흐름을 어떠한 인식론적 틀에서 바라보아야 할 것인가? 문화제국주의인가? 문화다원주의인가?

물론 문화제국주의 이론이 다소 단편적이고 불완전한 것은 사실이지만 문화적 흐름에 있어서의 불균형에 관한 비판적인 시각은 문화제국주의 이론이 가진 가장 큰 장점의 하나로 오늘날과 같은 상황에서도 여전히 견지할 필요가 있다고 생각한다. 즉 세버니-모하마드의 주장[16]처럼, 콘텐츠 생산력에 있어서의 헤게모니*hegemony*에 대한 인식 자체는 여전히 유효할 뿐 아니라 중요하다는 사실에 공감한다. 비록 드라마나 영화와 같은 문화 상품의 생산과 유통이 갈수록 다원화되고 있다는 사실이 한국이나 인도, 나이지리아 등의 문화 산업의 성장을 통해서 입증되고는 있지만 이러한 소수 몇 개국의 사례들이 이른바 제3세계 전체의 상황을 대변할 수는 없다. 또한 타임워너TimeWarner, 디즈니Disney, 소니Sony나 비방디Vivendi 등의 거대 미디어 기업의 소유 구조나 사업 영역 면에서 이미 국가적 권역의 경계를 허물고 있음에도 불구하고, 여전히 이들 초국가적 미디어 기업들이 미국이나 프랑스 또는 호주 등의 서구권에 그 뿌리를 두고 있다는 사실에 주목할 필요가 있다.

따라서 비록 1990년대 이후부터 전 세계 문화 상품의 흐름이 훨씬 복잡해지고 다변화된 것은 사실이지만, 그렇다고 해서 서구에서 제3세계로의 불균등한 흐름이라고 하는 과거의 틀이 근본적으로 변화된 것은 아니라는 점에 주목해야 할 것이다. 오늘날 시장과 화폐가 통합되고 문화 콘텐츠 영역의 보호주의마저 철폐되어 전 세계가 마치 하나의 문화 시장처럼 연결되어 가는 가운데, 문화 상품의 생산력에 있어 몇몇 국가들에서 다원화 현상이 발현되고 있는 경우도 분명 존재한다. 그러나 여전히 전 세계라고 하는 거대한 시장에서 보자면 차이와 불균형의 정도가 상당히 극심하다는 사실에 대해서는 확실하게 인식해야 한다.

2. 영화 시장 확대 전략

오늘날 세계 각국의 영화 산업은 내수 시장을 넘어 외국의 영화 시장으로 진출하기 위해 다각도의 전략을 구사하고 있다. 한국 역시 예외는 아니다. 문화적 근접성은 한국 영화의 아시아권에서의 성장세를 설명할 수 있는 주된 이유 중 하나지만, 한국 영화의 수출은 단순히 문화적 동질성이나 교감의 형성으로만 설명하기에는 부족하다. 영화 시장의 확장을 위해서 구사하는 다양한 전략들 — 즉 지역화 전략이나 공동 제작 전략 등 — 을 통해서 국가라는 지역적 경계를 넘어서고자 하는 노력을 기울여 왔고 실제 한국 영화의 선전에는 바로 이러한 전략적 차원의 노력이 큰 뒷받침을 하고 있는 것이다. 이제 한국의 영화 산업이 영화 시장 확대를 위해 어떠한 전략을 펼치고 있는지에 대해서 상세히 알아보자.

지역화 전략

이질적인 문화권에서 제작된 영화나 드라마에 대해서 관객이나 시청자들의 매혹이 감소되는 현상을 문화적 할인이라고 설명했다. 영상물의 가치는 국경을 넘으면서 문화적인 할인율이 더욱 높아질 수밖에 없는 만큼, 영화 수출 산업 관계자들의 초미의 관심은 바로 이 문화적 할인 현상을 사전에 방지하는 것이다. 이를 위해 활용되는 방안 중 하나는 지역화 전략*localization*이다. 즉 각 지역의 특성을 겨냥해서 문화 상품을 제작한다는 전략이 곧 지역화 전략이다.

그 좋은 예가 할리우드의 중국 시장 석권 전략이다. 최근 미국 언론들은 중국 영화 산업의 폭발적인 성장에 대해 '찰리우드Chollywood'로 부르고 있다. 중국China과 할리우드Hollywood를 합친 신조어인 찰리우드라는 표현에서 알 수 있듯이 이제 중국은 할리우드에 큰 영향력을 미치는 동시에 세계 영화 시장에서도 중요한 위치를 차지하고 있다.[17] 중국의 영화 시장은 매우 가파르게 성장하고 있는데, 2009년의 성장률은 거의 44%로 한 해 매출액은 약 9억 달러에 달한다. 이는 같은 해 미국 박스오피스 매출의 1/10의 값에 해당하는 규모[18]이다. 그뿐 아니라 중국 전역의 영화관 스크린 수도 1800개에서 최근 7200개로 훌쩍 뛰어올랐는데, 이러한 속도라면 중국의 영화 산업 규모는 5~10년 사이에 미국 시장을 압도할 만큼 성장할 것으로 보인다.[19] 그런 만큼 할리우드에서는 거대한 자본 시장이자 소비 시장이 될 중국을 의식하지 않을 수 없다.

이로 인해 최근 할리우드는 중국의 심기를 거스르지 않으려고 노심초사하고 있는 실정으로, 거의 완성된 영화의 내용을 변경시키는 경우도 자주 발견할 수 있다. MGM사의 〈레드 돈〉 리메이크 판(개봉 미정)은 원래 미국을 침공한 나라로 중국을 설정했지만 편집 단계에서 적국을 북한으로 변경시키는 촌극을 벌이기도 했다. 컴퓨터 그래픽으로 국기 모양을 중국에서 북한으로 바꾸고, 대사도 북한말로 다시 더빙한 것이다. 그 밖에도 〈맨 인 블랙 3〉(2012)는 뉴욕 차이나타운에서 주인공들이 중국인으로 변신한 외계인을 퇴치하는 장면을 삭제한 후에 중국에서 개봉되었다. 주인공 중 제이(윌 스미스 분)가 특수 장치로 중국인의 기억을 지우는 장면도 부정적인 인상을 줄 수 있다는 이유로 잘려나갔다. 〈캐리비안의 해적: 세상의 끝에서〉(2007)의 경우 해적으로 출연한 주윤발의 출연 분량 역시 삭제를 결정했다. 미국을 제외하고 가장 큰 잠재 관객과 자본을 가진 나라에 반감을 사지 않으려는 분위기가 할리우드 전반에 팽배해 있음을 이러한 사례들을 통해서 알 수 있다.[20]

이와 같은 지역화 전략은 제작 단계에서의 작품 내용 변경뿐만이 아니라 홍보 마케팅 단계에서도 발견할 수 있다. 예컨대 내수용과 외수용을 구분해서 작품의 홍보 마케팅 전략을 구사하는 것이다. 한국 영화도 박찬욱과 봉준호 등의 감독이 해외 영화제에서 연달아 수상하며 국제적으로 인정받는 계기가 되었다. 더불어 이병헌, 장동건, 원빈, 송승헌 등 한류 열풍을 주도하는 배우들의 선전으로, 이제 아시아권에서도 한국 영화의 소비와 수출이 늘어나는 추세다. 이에 따라 일본, 중국 또는 유럽 등 개별 영화 시장의 소비자들의 문화적인 감수성과 욕구를 파악하고 이를 영화의 홍보 마케팅 전략에 적극 반영하고 있다.

이와 같은 지역화 전략에 따라 같은 영화의 포스터도 각 수출 국가에 따라 영화 제목을 포함한 카피 문구와 그래픽 디자인 등을 달리 하여 제작하고 있다. 일례로 〈친절한 금자씨〉(2005)의 포스터를 한번 살펴보자. 〈올드보이〉(2003)로 프랑스 칸 영화제에서 심사위원 대상을 수상하면서 세계적 명성을 얻은 박찬욱의 차기작인 이 작품의 포스터는 한국, 일본 그리고 유럽판 등으로 다양하게 제작되었다. 국내의 경우엔 드라마 〈대장금〉으로 인기가 급상승한 여배우 이영애가 기존의 모습과는 전혀 다른 파격적인 캐릭터로 등장한다는 사실을 홍보 마케팅 전략에서 강조해 왔던 만큼, 서너 가지 버전으로 제작된 티저 포스터들에서 메인 포스터에 이르기까지 묘한 표정을 띠고 정면을 응시하고 있는 여주인공의 모습을 크게 부각시키고 있다. “받은 만큼 돌려드릴게요” “그녀가 움직이기 시작했다” 등의 카피 문구를 사용한 이 포스터들은 모두 붉은 색, 보라색, 검정색 등의 자극적인 보색을 배경으로 아주 강렬한 인상을 주며 ‘스릴러 장르’라는 점을 암시하고 있다.

그러나 이에 반해 일본판 〈친절한 금자씨〉 포스터에서는 이러한 장르적인 특성에 대한 암시를 찾아보기 어렵다. 하얀 색을 배경으로 한 포스터에 흰 의상을 입고 다소 애잔한 표정을 던지고 있는 이영애는 마치 멜로드라마의 여주인공과 같은 느낌을 준다. 물론 그 이유는 〈대장금〉에서 사려 깊고도 현명한 주인공 역할을 맡아 온갖 역경을

다양한 포맷으로 제작된 〈친절한 금자씨〉의 포스터. 시계 방향으로 국내판 메인 포스터, 티저 포스터, 유럽판 포스터, 일본판 포스터

헤쳐 나가는 캐릭터로 일본 관객들에게 지명도를 얻게 된 이영애의 스타 파워를 티켓 파워로 연결하고자 하는 계산 때문이다.

KNOWLEDGE BOX

게임 산업의 지역화 전략

국내 게임 산업의 경우 기획 단계에서부터 보다 더 치밀하게 지역화 전략을 구사하고 있다.

게임 속 캐릭터들의 '신체 비율'은 시간의 흐름에 따른 기술 진화 과정과 밀접한 관련을 맺는다. 예컨대 〈슈퍼마리오〉로 대표되는 비디오 게임 초반기, 제한적인 2D(평면) 게임 시절에는 캐릭터들의 신체 비율이 2~3등신에 그쳤다. 평면 게임의 특성상 얼굴이 커야만 감정 변화와 표정이 드러날 수 있었기 때문이다. 1990년대 이후 실사에 근접한 그래픽을 만들려는 움직임에 힘입어 5등신의 격투가가 등장하는 〈스트리트 파이터〉가 나왔고, 이후 〈리니지〉, 〈마비노기〉 등의 3D 캐릭터들은 가장 이상적인 모델 비율인 8등신 또는 10등신의 비율을 가진 장신 캐릭터들로 성장해 왔다.

오늘날 캐릭터의 신체 비율은 마케팅 목적에서 결정되는 경향이 다분하다.[21] 즉 수출할 국가의 문화적인 취향을 고려해 캐릭터의 신체 비율을 탄력적으로 조절하는 것이다. 해외 진출을 위한 캐릭터의 신체 비율 변화의 사례를 보면, NHN게임스의 〈R2〉는 일본 진출을 위해 8등신 캐릭터를 6등신으로 조절하였고, 엠게임은 온라인 퓨전 무협 게임 〈열혈강호 2〉 공개를 앞두고 전작 캐릭터의 비율을 5등신에서 8등신으로 변화시켰는데 이는 중국을 비롯해 아시아 시장 진출을 염두에 둔 시장 조사에서 무협 게임의 경우 '정통성'에 근접한 이미지가 반응이 좋다는 점을 감안한 것이었다.

포맷 수출

문화적 할인이 콘텐츠의 해외 진출 시에 끼칠 수 있는 영향력에 대해 살펴보았듯이 이미 완성된 콘텐츠를 수출할 경우에는 현지 이용자들이 그 수용에 있어서 많은 어려움을 겪을 수 있다는 것을 예측할 수 있었다. 따라서 이러한 점을 사전에 상쇄하기 위한 방편으로 이미 검증된 콘텐츠의 형식을 수출하는 방법이 있다. 콘텐츠 포맷 산업은 "완제품으로서의 콘텐츠가 아니라 기획물로서의 콘텐츠를 판매하는 산업"[22]을 의미한다. 즉 작품의 포맷 자체를 수출하는 것이다. 완성작을 수출하기보다는 오히려 제품의 완성에 필요한 포맷, 즉 작품의 구성에서부터 제작 노하우에 이르기까지의 전체적인 틀을 수출한 후, 이를 바탕으로 자국 배우들을 기용해서 제작함으로써 자국 관객들에게 더욱 익숙하게 다가갈 수 있도록 하는 것이다.

포맷 수출의 대표적인 사례로는 텔레노벨라*telenovela*라고 불리는 드라마를 거론할 수 있다. 브라질, 멕시코, 베네수엘라 등 중남미에 포진하고 있는 텔레노벨라 제작사들은 중남미권에만 머물지 않고, 미국,

유럽 등지에 해외 영업소를 두고 전 지구의 2/3 지역에 포맷을 판매하고 있다. 지구촌 어디로 판매되든 지역적 색채를 녹여낼 수 있다는 강점이 있는 만큼 포맷 수출을 통해서 동일한 권역뿐 아니라 전 세계를 대상으로 시장을 확장할 수 있었던 것이다.[23] 최근에는 해외에서 인기를 끈 프로그램 포맷을 정식으로 구매하여, 그와 똑같이 만들지만 현지화 작업이 가미된 'OO판' 리얼리티 프로그램들의 포맷 수출 또한 인기를 끌고 있다.[14]

영화 산업에서의 포맷 수출은 보통 시나리오 판권을 사고파는 형태로 이루어지고 있다. 한국의 경우 동일 문화 권역이라 할 수 있는 일본이나 중국을 대상으로 시나리오 판권 계약이 활발하게 이루어지고 있다. 한국 영화의 한 해 수출액이 최고조를 이뤘던 2005년도•에는 프랑스의 칸 영화제 현지에서 영화제 기간 동안 발행되는 〈스크린 데일리〉지의 1면에 "일본이 한국 영화 구매 경쟁을 하고 있다"라는 기사를 게재할 정도로 일본 영화사들은 촬영 중인 한국 영화들은 물론이거니와 시나리오와 캐스팅만을 보고 치열한 사전 구매 경쟁을 벌였다.[25] 할리우드에서도 고갈된 소재를 대신할 뿐 아니라 상대적으로 생소한 아시아 시장을 공략하기 위해서 한국을 포함한 아시아 영화들의 시나리

• 영화진흥위원회에서 발간한 〈영화 산업 결산〉을 참고하면, 2005년 해외 총 수출액은 약 7599만 달러이며 한 편당 평균 수출 가격은 약 37만 달러에 달했다. 이는 2000년대 들어서 한국 영화 수출액과 수출 가격이 가장 높았던 해로 기록된다. (〈2011년 한국 영화 산업 결산〉을 참조하라.)

오의 판권을 사들이고 있다. 2002년 일본인들의 간담을 서늘하게 했던 원작 〈링〉(1998)의 할리우드 리메이크작 〈더 링〉(2002)과 홍콩 느와르의 부활이라는 찬사를 받았던 〈무간도〉(2002)의 판권을 구입해 배경을 재해석하여 구성한 할리우드 작품 〈디파티드〉(2006) 등이 그 사례라고 할 수 있다. 한편 할리우드는 한국 영화 〈시월애〉(2000)의 판권을 사들여 〈레이크 하우스〉(2006)를, 〈거울 속으로〉(2003)를 구매한 후 〈미러〉(2008)를, 〈장화, 홍련〉(2003)을 원작으로 〈안나와 알렉스: 두 자매 이야기〉(2009)를 제작하였다.•

물론 리메이크를 위한 판권이 수출된다고 하더라도 크랭크인조차 하지 못하고 사장되는 위험성은 항상 존재한다. 10편 가량의 아시아 영화 리메이크 판권을 미국 스튜디오와 계약하면서 할리우드에서 명실상부하게 아시아 영화 통으로 자리 잡고 있는 영화 제작사 '버티고 엔터테인먼트Vertigo Entertainment'의 공동 대표 로이 리는 "할리우드는 항상 새로운 스토리를 갈망"하고 있으며, "현지 문화에 맞게 재창

• 역대 한국 영화 중 리메이크를 통해 최고의 흥행 실적을 올린 영화는 〈시월애〉의 리메이크 작품인 〈레이크 하우스〉다. 2645개 관에서 개봉, 북미에서는 5232만 달러를 흥행시켰고, 전 세계적으로 1억 1500만 달러의 성적을 보였다. 워너브라더스는 〈시월애〉 팀에 50만 달러를 지불하고, 영화뿐 아니라 TV 시리즈, TV용 영화 등의 리메이크를 통해 창출되는 모든 형태의 수익의 일부를 배부하는 조건으로 한국을 제외한 전 세계 리메이크 권리를 구입했다. 〈KOFIC 연구보고 09-1〉, 《한국 영화 미국시장 진출 유형 연구》, pp.192~204.

조해야 리메이크는 성공"할 것이라고 말한 바 있다.[26] 그의 지적대로 시나리오의 리메이크 시에는 각 나라 관객들의 선호와 현지 문화를 민감하게 파악하고 시장의 규모에 따라 보다 보편적인 스토리를 전개할 수 있는 전략이 필요하다.

문화 투명성

오늘날의 영화 산업은 내수 시장의 규모를 넘어 외수 시장의 확대에 눈을 돌리고 있는 만큼 다각도의 전략을 구사하고 있는데 그중 하나가 '문화 투명성*cultural transparency*'의 확보이다. 이는 영화 수출 시 수용 국가들이나 지역들의 차원에서 발생할 수 있는 이질감이나 거부감을 사전에 봉쇄하기 위하여 가능하면 기획 단계에서부터 제작국과 소비국의 역사나 사회 문화적 차이를 실감하기 어려운 소재, 즉 누구나 공감할 수 있을 만한 보편적인 소재의 선정을 통해서 초국적으로 소구하고자 하는 것을 의미한다. 예컨대 가족애나 동료애 또는 휴머니즘에 바탕을 두고 드라마틱한 감동을 추구할 수 있는 소재 등은 대부분의 관객들에게 공감대를 제시할 수 있다. 그러나 이에 반해 제작 국가의 과거 역사적 정황이나 민감한 정치 사회적 근황이 소재로 쓰인 경우, 영화 수입국의 관객들이 제작 국가의 배경에 대한 충분한 이해가 없다면 공감대 형성이 다소 어려울 수밖에 없을 것이다. 따라서 이러한 소재를 가진 영상 콘텐츠의 경우엔 해외 시장으로 수출하는 경우에 이질감에 따른 저항의 부담감, 즉 문화적 할인율이 우려될 수밖에 없다. 이러한 이유에서 제작진은 영화의 소재나 형식 등에 있어 문화적 투명성을 확보하기 위한 노력을 펼치고 있는 것이다.

한국, 중국, 미국의 공동 제작으로 2005년 개봉했던 〈무영검〉이 바로 이에 대한 좋은 사례라고 할 수 있다. 이 영화는 발해사의 일부를 다루고 있는데 고대 국가였던 발해가 위치했던 간도 지역은 한국과 중국 간의 오랜 영토 분쟁 지역인 만큼 한국과 중국 관객이라는 소비자를 감안해 보면 상당히 다루기에 민감한 소재가 아닐 수 없었다. 이 때문에 제작 기획 단계에서부터 가장 큰 고민은 과연 발해사를 어떻게 하면 양국 관객들이 모두 공감할 수 있는 내용으로 녹여내느냐는 것이었다.

이와 같이 문화 투명성에 대한 고려는 할리우드의 경우 노골적인 오리엔탈리즘을 자제하고 인종·문화 간의 차별이 아닌 차이의 묘사에 집중하는 것에서 잘 드러나고 있다. 예컨대 할리우드에서 상당히 오랜 기간 동안 동양인 남성이나 동양인 여성을 특정한 방식으로 재현해 오면서 동양에 관한 고정관념을 고착시켜 왔다. 할리우드에서 재현되는 동양인 남성들은 남성성에 있어서 항상 문제가 있는 것처럼 설정되는 반면 동양 여성들은 순종적으로 묘사[27]되고 있다. 따라서 할리우드에서 동양인과 서양인 등의 서로 다른 인종 간의 로맨스가 긍정적으로 비춰지는 경우는 경제력을 갖춘 늠름한 백인 남성이 위기에 처한 순종적인 동양 여성과 결합되는 경우뿐이다. 이러한 인종적, 성적 조합을 통해 할리우드는 서양의 동양에 관한 판타지로서의 오리엔탈리즘을 충족시켜 왔다.

그러나 오늘날과 같이 중국을 포함한 아시아 영화 시장이 무서운 성장세를 보이는 상황에서 여전히 오리엔탈리즘의 환상에 매몰된 동양을 설정한다면 수출에 무리가 따를 수밖에 없음을 할리우드는 확실히 인식하고 있다. 즉 서양이나 동양 사이의 문화적 투명성을 확보해서 수출 시의 할인율을 낮추기 위해서 기획 단계에서부터 이에 적절한 내러티브 전략을 설정하는 것이다. 정치적 공정함*political correctness*을 표방하면서 노골적인 오리엔탈리즘은 자제하고 인종·문화 간의 차별이 아니라 차이의 묘사에 집중한다. 〈사랑도 통역이 되나요〉(2003)와 같은 영화에서처럼 미국 남성과 일본 여성의 언어, 또는 생활 습관과 문화적 관행의 차이를 강조함으로써 오히려 이를 통해 과거의 재현 관습에 대한 역설적인 웃음을 이끌어 내는 것은 이에 대한 좋은 사례라고 할 수 있다.

3. 국제 공동 제작의 허와 실

이상에서 살펴본 것처럼 국내 영화 산업을 포함해서 각국 영화 산업들이 세계 시장을 선점하기 위한 전략을 다각도로 구사하고 있다. 문화 투명성을 확보하고 지역화 전략을 시도함으로써 문화적 할인에 따른 수요 시장에서의 열세를 최대한 상쇄하고자 하는 것이다. 그러나 최근까지도 국내에서 '스크린 쿼터제 사수' 또는 '일본 문화 전면 개방 불가' 등이 정치적 쟁점이 되었던 사실에서 알 수 있듯이, 대부분의 국가들은 영화를 국민의 정서에 지대한 영향을 끼치는 '문화'의 일부로 간주하고 외국 영화 산업의 국내 시장 점유율 상승을 '문화적 침략'의 하나로 우려하고 있다. 그리하여 각 나라마다 그 정도의 차이는 있지만 제도적인 차원에서 다양한 종류의 진입 장벽을 마련해 두고 있다.

그렇다면 과연 이러한 현실적 진입 장벽에 대한 대응책으로는 어떠한 전략이 있을까? 정책적, 산업적인 제한을 넘나들면서 수출 시장을 확대하기 위한 현실적인 전략의 하나로 현재 가장 보편적으로 시행되고 있는 것은 바로 국제 공동 제작이다.

국제 공동 제작의 정의

'국제 공동 제작*international co-production*'이란 서로 다른 국가에 소속된 영화 업체들 간의 협력에 의해서 영화나 방송 프로그램 등을 제작하는 것을 의미한다. 공동 제작의 범위는 우선 광의로 해석하자면 제작에 대한 공동 출자*co-financing*, 즉 작품에 대한 단순 투자를 의미하기도 하지만, 조금 더 엄밀하게 규정하면 투자를 포함해서 제작에 이르기까지 협업을 통해 하나의 완전한 콘텐츠를 제작하는 것을 의미한다.[28] 즉 재정은 물론 창의적인 능력이 필요한 부분에서도 동등한 분업을 통해 완성품을 생산하는 관행을 의미하는 것이다.

국제 공동 제작과 관련한 중요한 제도적인 장치로는 국제 공동 제작 협정*bilateral international co-production treaty*을 거론할 수 있다. 이는 일정한 기준을 준수한 공동 제작 작품에 한해서는 이 영화를 공동 제작 파트너로 참여한 국가들의 생산물로 인정한다는 협정이다. 즉 프랑스와 영국의 제작진이 참여하여 양 국가 간에 맺은 공동 제작 협정의 기준을 준수한 영화 한 편을 생산해 낸다면, 이 영화는 곧 프랑스 작품인 동시에 영국 작품으로 인정을 받을 수 있다는 뜻이다.

공동 제작을 위한 협정은 일찍이 단일 시장을 지향하면서 북미에 대한 강력한 맞상대로서의 문화 경제적 공동체를 구성하고자 했던 유럽을 위주로 활성화되어 왔다. 국제 공동 제작 협정을 체결한 국가들의 경우엔 파트너로 참여한 국가가 제작 투자에서부터 기술 및 인력 참여에 이르기까지 15~30%의 역할을 담당할 것을 규정하고 있다. 이는 곧 비교적 일정 수준의 균형 잡힌 역할 분담을 제도화시키기 위한 장치라고 할 수 있다.

국제 공동 제작이 활성화된 대표적 국가로는 프랑스를 거론할 수 있다. 프랑스는 26개국과 협정을 체결[29]했을 뿐 아니라 참여국에 많은 혜택을 부여함으로써 공동 제작을 적극 지원하고 있다.[30] 자국 영화로 인증을 받은 공동 제작 작품에 대해서는 로케이션 지원은 물론이거니와 극장 수입에 부과되는 부가세의 140%, 텔레비전 판권 판매액의 5~10%를 현금으로 환급해 준다.[31] 영국의 경우 소득세상의 혜택을 통해 공동 제작을 유도하고 있는데, 영국은 공동 제작 규정에서 출자 비율만을 규정하는 것이 아니라 출자 비용의 소비를 명시하고 있다. 즉 1985년 제정된 영화법(1999년 개정) 1번 항목에 근거해서 자국 영화를 규정하고 있는데, 아래 시행 규칙에 의하면 영국 영화로 인정받기 위해서는 EU, EEA(유럽경제지역) 회원국에 등록된 회사에서 제작해야 하며, 영화를 제작하는 과정에서 영화 제작비의 70%는 영국 내에서 사용해야 한다는 세부 항목까지도 명시하고 있다.[32]

한편 한국은 국가 간 공동 제작 협정을 체결하지 않은 상태이다. 그러나 현재 공동 제작이 서서히 가시화되고 있는 시점인 만큼 공동 제작에서의 자국 영화 인정 기준을 영화 및 비디오물의 진흥에 관한 법률 시행 규칙에서 정해 놓고 있는데, 이에 의하면 자국 영화 인정 기준은 제작비 비율을 기준으로만 정하고 있다.

표 1. 세계의 공동 제작 영화 지원 혜택[33]

남아프리카공화국	영화 제작비의 현지 지출분 15% 환급
독일	15~20% 환급
미국	각 주 정부가 영화 제작비 현지 지출분의 일부 환급
벨기에	영화 제작비 150%에 대한 소득 공제
아일랜드, 멕시코	영화 제작비 10~28%에 대한 소득 공제
영국	제작비의 현지 지출분 20~25% 환급
이탈리아	영화 제작비 현지 지출분 40%환급
뉴질랜드	현지 지출분의 15% 현금 지급
스페인	현지 지출분 16~56% 환급
프랑스	16~20%에 대한 세액 공제 + 극장 구입 및 TV 판권 매출의 약 10~15% 지급
호주	영화 제작비에 대한 세액 공제 15%, 현지 지출분 40% 환급

표 2. 한국 "영화 및 비디오물의 진흥에 관한 법률" 시행 규칙

제2조 (공동 제작 영화의 출자 비율 등)
"영화 및 비디오물의 진흥에 관한 법률" 제2조 제4호에 따른 공동 제작 영화는 한국 영화 제작업자와 외국 영화 제작업자가 공동으로 제작 비용을 출자하되, 그 출자 비율이 다음 각 호의 기준에 맞는 것을 말한다.
1. 공동 제작에 참여하는 영화 제작업자의 국적이 2개국에 속하는 경우: 국적별 출자 비율이 각각 20% 이상일 것.
2. 공동 제작에 참여하는 영화 제작업자의 국적이 3개국 이상에 속하는 경우: 국적별 출자 비율이 각각 10% 이상일 것.
문화체육관광부령 제111호 (시행일 2011. 4. 5. 기준)

국제 공동 제작의 장점과 단점

콜린 호스킨스는 국제 공동 제작의 장점과 단점을 다음과 같이 설명하고 있다.[34] 우선 가장 큰 장점으로는 해외 시장의 확대를 손쉽게 꾀할 수 있다는 점이다. 양국 파트너들이 모두 자국 내 영화로서 인정받을 수 있는 협정 기준 내에 있다고 한다면 파트너 국가로부터 보조 장려금 등의 후원을 포함해서 관세의 혜택에 이르기까지 각종 정책적인 지원을 받을 수 있기 때문이다. 그뿐만 아니라 공동 제작을 하게 되는 파트너 회사를 통해 그 국가에 대한 문화적 특수성을 이해할 수 있는 기회가 커지는 만큼, 양 파트너가 문화적 이질성을 조정하여 관객에게 손쉽게 다가가기 위한 목표도 달성할 수 있다. 또한 파트너 국가의 인력이 저렴하다면 제작비를 절감할 수 있을 뿐 아니라, 파트너의 제작 경험과 배급망에 대한 지식을 활용함으로써 해외 시장 진출의 발판을 더욱 굳건히 할 수도 있다. 그 밖에도 파트너의 인접 국가, 즉 파트너와 유사하거나 친밀한 문화적 기반을 갖고 있는 권역 내의 국가들에까지 영향력을 확장할 수 있는 계기를 마련할 수도 있다.

국제 공동 제작에서 간과할 수 없는 단점은 추가적인 비용 발생을 예측할 수 없다는 점이다. 대다수의 국제 공동 제작이 어떠한 영구적인 조직의 형태로 결합하는 것이 아니라 한 편의 영화나 드라마를 제작하기 위해 일회적으로 결합하는 관계인 만큼 제작비의 집행이나 수익의 결산 과정 등에 있어서 크고 작은 의견 조율에 따른 추가 비용 또한 발생할 수 있다는 것이다. 즉 파트너들 간의 투자액이나 수익 배분의 비율을 정하기 위한 협상 과정이나 제작 협력 과정 중에 시간의 소요를 포함한 추가적인 비용이 발생할 수 있다. 또한 만약 양국에서 촬영이 진행되어야 한다면 항공비나 체류비 등을 포함해야 하므로 제작비 부담이 더욱 늘어날 수 있다. 그뿐 아니라 작품의 성격이나 출연진 등에 대한 양국 제작진 간의 의견이 충돌할 경우 이를 조율하는 것도 쉽지 않다. 자국에서 선호하는 배우나 연출 방식이 다를 뿐 아니라 양국의 의견 차를 조율하는 과정에서 각국의 문화적 특수성이나 창의성이 손실될 수도 있는 만큼, 파트너들의 섬세한 조정 능력과 제작 전략이 요구된다. 또한 파트너가 자신들과의 국제 공동 제작을 통해서 제작과 배급에 관한 노하우를 배워서 궁극적으로는 자신들의 경쟁사로도 성장할 수 있는 가능성도 간과해서는 안 된다.

4. 범아시아 영화 공동 제작

2000년대에 접어들면서 한국 영화계는 주로 문화적으로 동일 권역이라고 할 수 있는 아시아 국가들을 중심으로 공동 제작을 시도하여 왔다. 일본이나 중국을 포함한 아시아 국가들과의 협업은 지리적으로 가까울 뿐 아니라 유교나 불교 문화, 전통과 근대의 갈등, 식민 지배의 경험 등의 문화적 근접성으로 인해서 교감이 가능하다는 전제하에 적극적으로 추진되어 왔다.

최근 한국과 공동 제작 사례가 늘고 있는 중국의 경우를 예로 들어 보자. 한국의 경우 1억도 안 되는 인구인 만큼 관객 동원 측면에서 태생적인 한계가 있지만 중국은 무려 13억에 달하는 인구를 보유하고 있는 더욱 거대한 시장을 위한 교두보이자 조력자 역할을 할 수 있다. 그러나 중국은 자국 영화 보호 정책을 펼치고 있어 외국 영화의 수입은 연간 30편 이상 허용되지 않는다. 조민환 나비픽처스 대표는 이처럼 외화 수입 편수에 제한을 둔 엄격한 영화 정책 때문에 "합작이나 협작 없이 중국 시장에 진출하는 것은 거의 불가능"[35]하다고 시장 진출의 어려움을 토로한 바 있다. 따라서 이를 타파할 수 있는 가장 효율적인 방편으로 중국과의 공동 제작을 통해서 중국 국적의 영화로 분류되어 수입 제한의 장벽을 넘는 것이다. 비록 엄격한 중국 법안에 따라 사전 검열을 받아야 하는 등의 제한에 봉착할 수도 있지만 한국과 중국 사이의 합작은 시장 진출을 위한 가장 효율적인 방안으로 최근 몇 년간 급증하게 되었다. 그 밖에도 중국과의 공동 제작이 늘고 있는 주요 원인은 투자의 확충과 제작비 부담의 극복이다. 〈칠검〉, 〈묵공〉, 〈만추〉 등을 공동 제작한 보람영화사의 대표 이주익은 "한국 시장만 보고 100억 원이 훨씬 넘는 제작비를 투자받기가 힘들고 투자를 받아도 리스크가 크기 때문에 중국·홍콩 등과 합작을 통해 제작비 부담 및 리스크를 중화권 시장으로 분산시키는 전략이 필요"하다며 중국 시장과의 공동 제작의 중요성을 강조했다.[36]

그렇다면 과연 어떠한 과정을 통해서 공동 제작을 추진하고 있을까? 공동 제작을 통한 시장 확대 전략은 과연 기대만큼의 효과를 거두고 있는가? 범아시아권 영화라는 이름으로 진행되는 공동 제작 영화들이 과연 어떠한 내러티브 전략을 구사하고 있는지, 결코 동질적이라고 할 수 없는 산업 기반에서 오는 차이점을 어떤 방식으로 극복해 오고 있는지를 구체적인 사례를 통해 조금 더 상세히 살펴보고자 한다.

〈묵공〉: 아시아 다국적 프로젝트

영화 〈묵공墨攻 *Battle of Wits*〉(2006)은 아시아 시장을 노리고 제작된 대표적인 다국적 프로젝트이다. 일본 작가 모리 히데키의 만화(원작은 사케미 켄이치의 소설)를 원작으로 하고 있는 이 영화는 한국, 중국(홍콩), 일본 세 나라의 영화사들(보람엔터테인먼트, World Top, Small Potato Production)에 의해서 제작되었다. 160억의 예산이 소요될 것이라고 보도된 이 작품은 실제 120억 정도로 막대한 제작비가 투자되었는데, 한국과 파트너 국가 영화사들 간의 투자 비율은 25 : 75 정도였으며 배급은 CJ엔터테인먼트와 포르티시모필름Fortissimo films에서 담당했고 홍콩(2006년 11월), 한국(2007년 1월), 일본(2007년 2월) 순으로 차례차례 개봉되었다.

〈묵공〉의 제작을 결정한 후 세 국가의 프로듀서들은 각 나라의 문화와 취향이 다름을 인정하고 스토리 설정이나 배우의 색채를 조정하는 작업에 들어갔다. 그 결과 국내 배우 안성기, 최시원과 홍콩 배우 유덕화, 판빙빙이 주인공으로 결정되어 다국적 연기진을 구축했으며 제작 스태프 역시 촬영, 미술, 음악, 편집 등에 이르기까지의 다양한 방면에 세 나라의 제작 인력을 고루 배치하였다.

그러나 〈묵공〉 역시 세 나라를 넘나드는 연기진과 제작진들로 인해 이른바 범아시아 권역에 진출하고자 하는 영화들에서 발생되는 공통적인 문제점에서 벗어나지는 못하였다. 한마디로 합작 영화에서 공통으로 드러나는 문제점으로 지적되는 소통의 어려움과 그에 따른 공감 문제를 극복하지 못한 것이다. 〈묵공〉의 역사적 배경은 중국 춘추전국 시대이다. 그러나 출연하는 배우들은 최시원이나 안성기처럼 이미 한국이나 중국 관객의 눈에 익숙한 스타들이다. 특히 최시원과 같은 경우 슈퍼주니어라는 아이돌 그룹의 멤버로 한류 스타의 출연을 미끼로 일본이나 중국 관객을 극장으로 끌어들인다는 취지도 있었을 것이다. 하지만 한편으론 이와 같이 잘 알려진 한류 스타가 중국어를 구사하는 연기자로 출연하는 것이 오히려 몰입을 방해하는 요인으로 작용하기도 한다. 또한 더욱 큰 문제는 배우들 간에 언어 소통이 원활하지 못하다 보니 대사는 가급적 축소될 수밖에 없었고 인물들 간의 갈등 구조 또한 충분히 살리기 어려웠다는 점이다. 실제 촬영 현장에서 비록 통역사를 두고 있었다고는 하지만 일일이 각국의 인력들을 넘나들며 소통을 중재하기에는 한계가 있을 것이다. 결국 제작 진행에 있어서 상당한 어려움을 겪을 수밖에 없었다.[37]

이와 같은 선례들이 축적되고 시행착오의 과정을 거치면서 노하우를 축적하면서 현재 다국적 합작 영화를 통한 범아시아 시장 진출은 더욱 전략적으로 추진되고 있다. 한일 공동 제작 영화인 〈첫눈〉(2007)을 한번 살펴보자. 영화 〈첫눈〉은 한국의 다인필름과 일본의 카도카와픽처스Kadokawa Pictures가 참여하여 제작하였고 투자와 배급에는 이 두 제작사와 CJ엔터테인먼트의 자본이 참여했다. 영화 〈비천무〉(2000)의 국제 공동 제작 경험을 가진 다인필름의 김형준 대표가 해외 시장을 개척하기 위해 적극적으로 추진했던 이 영화에는 당시 한류 스타의 대표 주자 중 한 명이었던 이준기와 미야자키 아오이 등 한일 양국의 배우들이 주연으로 출연하였다. 또한 〈첫눈〉은 스태프 구성과 촬영 시스템을 유연하게 선택하여 효율성을 높이고자 했다. 연출, 음향, 음악은 한국 스태프들로, 각본, 촬영과 조명은 일본 스태프들로 구성하였는데, 해당 지역의 풍광을 가장 아름답게 표현하기 위해 일본 교토 촬영과 한국 촬영 시에는 각각 현지 스태프들로 촬영진을 구성하였다. 이처럼 공동 제작에서 발생하는 문제점들을 최소화하기 위하여 현장 여건에 알맞은 시스템을 선택하였던 것이다. 즉 일본에서 촬영할 때에는 일본 시스템에 의존하는 반면 한국에서 촬영할 때에는 일본 주요 스태프와 한국 스태프를 결합하면서 부분적으로 한국 시스템을 적용하였다. 따라서 현장 진행은 매우 스피드하게 진행되었으며 초기에 예상했던 제작 기간과 회차에 맞추어서 촬영을 종료할 수 있었다. 이와 같이 현재 제작사들은 공동 제작에서 각 나라의 촬영 시 고유한 관행이나 시스템의 차이로 인한 문제를 극복하기 위한 노하우를 축적 중이다.

이런 경험들을 토대로 더욱 안정적인 방식으로 영화를 만드는 시도도 계속 하고 있다. 예컨대 거대한 중국 시장을 노리고 중국에 합작 회사를 차리는 경우도 있다. 나비픽처스와 같은 경우 49%를 투자해 베이징 나비픽처스北京納壁影視文化有限公司를 중국에 세웠는데, 이처럼 중국 현지의 합작 회사가 있다면 향후 양국 간의 공동 프로젝트를 진행할 때 비교적 안전한 파트너를 확보할 수 있다는 장점이 있을 뿐 아니라 중국 내에서 자체적으로 영화를 제작함으로써 국내 자본에 의한 해외 영화의 생산도 가능해진다.[38]

KNOWLEDGE BOX

한미 공동 제작

한국 영화계가 해외 시장 개척의 필요성을 적극적으로 느끼게 된 시점은 국내 영화 산업의 급격한 성장 시기와 맞물려 있다. 현재 국내에서 진행되는 국제 공동 제작은 주로 동일 권역으로 간주되는 아시아 국가 중심이다. 물론 거대한 시장인 북미권에 수출한다거나 또는 공동 제작으로 생산된 작품도 있지만 그 수량은 물론 시장에서의 영향력에 있어서도 다소 미약한 수준이다. 완성작으로 수출된 한국 영화들은 대부분 소규모 지역 사회의 예술 영화관에서 상영되는 정도인 만큼 수출을 통한 가시적인 성과를 거두고 있다고 보기는 어렵다.

공동 제작 역시 비슷한 맥락에서 봐야 할 것이다. 공동 제작 사례 역시 한인 사회의 성장과 맞물려 현지에서 활동하는 영화인들이 자신들의 인맥을 활용해서 투자와 제작을 주도하는 방식으로[39] 공동 제작 시장을 열어 가고 있다. 2007년 김진아 감독의 작품 〈두 번째 사랑〉이 대표적인 사례다. 미국에 거주하던 이 신진 감독의 프로젝트에 프라임엔터테인먼트가 100% 투자를 했는데, 주연 배우인 하정우와 라인 프로듀서 1인 정도만이 한국인이고 그 외의 배우들과 제작 스태프들은 모두 재미 교포이거나 미국 현지인들로 구성되었다. 이 작품은 2007년 1월 미국 선댄스 영화제의 경쟁 섹션에 초청받는 등 나름대로 주목받았지만, 국내에서는 25개 스크린에서 개봉되어 서울 관객 46,421명[40]의 다소 실망스런 흥행 성적을 거두었다. 한편 미국에서는 2008년 4월 18일 뉴욕에서 1개관 상영으로 2주간 개봉하였고 흥행 총 수입은 13720달러[41]에 그쳤다.

이상에서 알 수 있듯이 현재까지 북미 지역에서 한국 영화계가 거둔 성과는 상영 작품 수의 증가나 흥행 성적 등으로 가시화되지는 않았다. 그렇지만 한국 영화계는 소재 고갈에 목마른 할리우드에 판권을 수출하거나 아시아 시장의 진입을 노리고 한류 배우들이나 감독들을 기용하는 할리우드의 전략에 힘입어 서서히 그 입지를 넓혀 가는 중이다.

몇몇 사례를 거론해 보면, 할리우드는 〈시월애〉(2000)의 판권을 50만 달러에 사들여 〈레이크 하우스〉(2006)를 제작했고, 〈올드보이〉(2003)를 리메이크한 작품을 스파이크 리 감독이 2012년도에 크랭크인 할 예정에 있다. 그뿐 아니라 국내 스릴러 영화의 지평을 확대했다고 평가받는 〈추격자〉(2007)와 〈세븐 데이즈〉(2007)의 판권 역시 높은 가격에 할리우드에 판매되었다. 한편 대표적 한류 스타들인 이병헌, 장동건, 정지훈(비)을 포함해서 박찬욱, 봉준호와 같이 작가적 색채가 확실한 감독들에 대한 미국 시장의 러브콜 역시 문화적 교류라는 측면에서 볼 때 주목할 만한 성과라고 할 수 있다.

주

1. 일리아 에렌부르크, 《꿈의 공장》, 김혜련 옮김, 눈빛, 2000.

2. 한국콘텐츠진흥원, 〈세계 방송시장 규모 및 전망〉, 2011, p.29.

3. 한국콘텐츠진흥원, "미국 산업영화 시장의 성공," 〈주간 산업동향〉, 2011. 9.

4. 한국콘텐츠진흥원, 〈세계 방송시장 규모 및 전망〉, 2011, p.30.

5. "검은 대륙 '날리우드(나이지리아 영화 산업)' 영화 열풍," 〈조선일보〉, 2011. 6. 4.

6. 영화진흥위원회, "2.4 연도별 한국 영화 수출실적," 〈한국 영화연감〉, 2003.

7. 영화진흥위원회, "2.4 연도별 한국 영화 수출실적," 〈한국 영화연감〉, 2007.

8. 영화진흥위원회, 〈2011년 한국 영화 산업 결산〉, 2011, pp.41~42.

9. A. Sreberny–Mohammadi, "Global and the Local in International Communications," in J. Curran & M. Gurevitch (eds.), *Mass Media and Society*, London: Edward Arnold, 1991, pp.118~138.

10. J. D. Straubhaar, *Beyond Media Imperialism: Asymmetrical Interdependence and Cultural Proximity*, Critical Studies in Mass Communications, 1991, pp.33~59.

11. C. Hoskins, S. McFadyen, & A. Finn, *Global Television and Film*, Oxford: Clarendon Press, 1997, p.32.

12. H. Schiller, Communication and Cultural Domination, White Plains: International Arts and Science Press, 1976.

13. A. Sreberny–Mohammadi, "Global and the Local in International Communications," J. Curran & M. Gurevitch (eds.), *Mass Media and Society*, London: Edward Arnold, 1991, pp.118~138.에서 재인용.

14. 박지영, "초국가적 미디어 생산물 소비의 즐거움과 전 지구화 시대의 젠더 정치학:

〈위기의 주부들〉 수용자들을 중심으로,” 〈미디어 젠더 & 문화〉, 7호, 2007, pp.79~127.

15. C. Hoskins, S. McFadyen & A. Finn, *Global Television and Film*, Oxford: Clarendon Press, 1997, p.32.

16. A. Sreberny-Mohammadi, “Global and the Local in International Communications,” J. Curran & M. Gurevitch (eds.), *Mass Media and Society*, London: Edward Arnold, 1991, pp.118~138.

17. “스크린 ‘찰리우드’ 시대… 美 영화서 중국인 악당 사라졌다,” 〈조선일보〉, 2011. 9. 27.

18. “From Hollywood to Chollywood,” *Asian Times*, Francesco Sisci, 2010. 4. 1.

19. “Chollywood-Behind the scenes of China’s booming film industry,” *Atlantic Magazine*, Mitch Moxley, 2011 Sep.

20. “할리우드 영화는 지금 중국에 대놓고 아부 중,” 〈중앙일보〉, 2012. 6. 14.

21. “게임 속 캐릭터의 신체 비율은 게임 업체들의 치밀한 연구를 통해 탄생한 마케팅의 산물입니다.” 김범석, “2등신에서 10등신까지, 게임 산업 신체 마케팅의 비밀,” 〈동아일보〉, 2009. 5. 6.

22. “[시론] 방송 포맷의 시대를 보는 두 가지 시각,” 〈PD저널〉, 2010. 2. 22.

23. 윤재식 · 은혜정 · 민원정, 〈세계의 소프 오페라 텔레노벨라*Telenovela*의 마케팅 및 시장 개척 전략〉, 한국콘텐츠진흥원, 2007, pp.126~157.

24. “케이블 ‘서바이벌 리얼리티 쇼’ 또 다른 승부,” 〈경향신문〉, 2009. 2. 13.

25. “[칸영화제]한류 ‘佛붙었다’,” 〈경향신문〉, 2005. 5. 19.

26. “로이 리 ‘현지 문화에 맞게 재창조해야 리메이크 성공’,” 〈스포츠경향〉, 2011. 10. 13.

27. G. Marchetti, *Romance and the Yellow Peril: Race, Sex and Discursive Strategies in Hollywood Fiction*, Berkeley: University of California Press, 1993, p.11.

28. C. Hoskins, S. McFadyen, & A. Finn, *Global Television and Film*, Oxford: Clarendon Press, 1997, p.102.

29. 황동미·박지인, "아시아 공동 제작 현황과 발전 방안," 영화진흥위원회, 2002, p. 113.

30. 앞의 글, p.100.

31. 한국콘텐츠진흥원, 〈2010 해외 컨텐츠 시장 조사〉, 2011, pp.50~51.

32. 황동미·박지인, "아시아 공동 제작 현황과 발전 방안," 영화진흥위원회, 2002, p.112.

33. 한국콘텐츠진흥원, 〈2010 해외 컨텐츠 시장 조사(표 II–17 세계 정부의 공동 제작 영화 지원 혜택)〉, 2011, p.51.

34. Hoskins, pp.103~106.

35. "한류본색, 한–중 합작 영화 옷 입는다," 〈한겨레〉, 2006. 1. 23.

36. 앞의 글.

37. 인용된 인터뷰 대상자는 〈묵공〉, 〈칠검〉의 제작사 보람엔터테인먼트 부사장 김용덕. 영화진흥위원회, 〈한국 영화 제작의 국제화 사례연구집〉, 2008, pp.76~78, 121~124.

38. "베이징 나비픽처스 중국 영화 〈결혼진화론〉 제작," 〈씨네21〉, 2006. 4. 4.

39. 황동미, 〈한국 영화 미국시장 개척을 위한 영화진흥위원회의 지원 정책: Filmmakers Development Lab 운용을 중심으로〉, 중앙대학교 첨단영상대학원 박사 학위 논문, 2009, p.45.

40. 영화진흥위원회, 〈한국 영화 산업 결산〉, 2007.

41. www.imdb.com

chapter 3

네티즌, 영화에 투자하다

1. 한국 영화 투자 주체의 변화

영화의 제작을 위해 투입된 자본의 흐름은 한국 경제사를 이끌어 가던 주요 주체들은 물론이거니와 사회·경제적 변화와 긴밀히 맞닿아 있다. 비록 학자들 간의 의견은 분분하지만• 한국 최초의 영화라고 기

• 〈의리적 구토〉는 김도산 감독의 작품으로, 연극의 배경에서 충당할 수 없는 외부 배경을 촬영하여 극 중간에 삽입하는 형태로 상영되었다. 그러나 한국 최초의 영화라고 보기엔 우선 〈의리적 구토〉의 제작 형식부터 문제가 된다. 엄밀히 영화라기보다는 연극적 장치 요소에 영상 매체가 삽입된 것으로 보이기도 하며, 이 영상의 촬영은 한국인이 아닌 일본인 촬영 기사가 담당했고, 단성사에서 개봉했을 당시 기록 영화인 〈경성시가의 경〉이 〈의리적 구토〉와 동시 개봉했기 때문에 어느 작품이 먼저라고 하기도 어렵다는 점 등을 들어 최초 영화에 대한 논란의 소지가 있다. 김수남, 《한국 영화의 쟁점과 사유》, 문예마당, 1997, pp.250~251 참조.

록되는 〈의리적 구토〉(1919)(또는 〈의리적 구투義理的仇鬪〉)를 비롯해서 영화 제작 초창기라고 할 수 있는 1920년대를 즈음해서 제작된 총 16편의 극영화 가운데 13편은 일본 자본에 의해 제작되었다.[1] 이와 같이 일제 강점기 시절에는 일본 기업이 한국 영화의 자본줄로서의 역할을 담당하였다.

광복과 한국 전쟁의 격동기를 거쳐 비로소 영화는 한국인의 자본에 의해 제작되기 시작하였다. 제작되는 작품의 편수로는 한국 영화사상 최고의 전성기로 손꼽히는 1960~1970년대의 경우엔 연간 제작편수가 200편을 상회[2]하기도 했다. 이와 같은 제작 편수의 팽창에는 물론 텔레비전과 같은 경쟁 매체가 없었으므로 영화 관람이 유일한 여가 활동이었다는 점도 한몫을 했겠지만 그 외에도 "외화 수입 쿼터"라는 제도 역시 한국 영화의 제작 러시에 주요한 역할을 했다. 이는 외화 한 편을 수입하기 위해서는 의무적으로 한국 영화를 제작해야 한다는 제도였다. 할리우드 영화의 흥행 성적이 한국 영화에 비해서 월등히 뛰어났던 만큼 외화의 수입으로 인한 흥행 수익을 한국 영화 제작에 투자하도록 제도화함으로써, 양질의 작품을 제작하여 한국 영화 산업의 경쟁력을 고양시킬 수 있는 선순환 구조를 의도했던 것이다. 그러나 이러한 취지와 달리 당시 수입업자들의 상당수가 '외화 수입 쿼터'를 따기 위해 단지 형식적인 기준의 충족에만 관심을 가지게 되면서 결과적으로는 제작 편수의 양적 팽창에도 불구하고 질적 저하가 가속화되는 기현상을 낳기도 했다.

할리우드로 대변되는 외화의 수입은 국내 영화 제작을 위한 중요한 자본으로서의 역할을 담당하였지만, 1980년대를 즈음해서 미국이 한국의 영화 시장 개방을 위해서 적극적인 공세를 펼친 이후 이러한 상황은 변화하게 되었다. 특히 영화법이 개정되면서 영화 제작과 외화 수입이라는 두 부문이 분리되고, 1988년 미국 영화를 배급하는 UIP가 국내 현지 법인으로 설립되면서 외화 수입으로 얻었던 수익에 큰 타격을 받게 된 것이다. 이러한 상황은 결국 1990년대 초반을 기점으로 하여 대기업 자본이 유입되는 결과를 낳았다. 당시 VTR 등을 생산하던 삼성, 대우, 현대, 선경, 새한* 등의 대기업들은 영상 기기 공급을 확장하고자 비디오 판권 경쟁을 벌이고 있었는데, UIP의 직배로 인해 판권 가격 협상에 불리한 상황에 몰리게 되자 이를 적극적으로 타개하기 위한 방편의 하나로 영화 제작에 눈을 돌리게 된다.

이들의 개입으로 인해 점차 충무로로 대변되던 영화 제작 시스템에는 변화가 생기기 시작했다. 감독의 주제 의식을 중심으로 영화가 제작되던 관행에서 탈피하여 제작자나 기획자의 아이디어가 중심이 되는 '기획 영화'의 제작으로 옮겨가게 된 것이다. 즉 특정한 관객층의 기호나 취향을 분석해서 시나리오를 개발하고 영화에 관한 전반적인 마스터플랜을 수립한 후에 이를 기반으로 제작비를 확충하는 시스템이 대기업 자본의 유입과 함께 정착되기 시작했다. 3~4년간 신혼부부들을 만나 인터뷰하고 이를 바탕으로 젊은 남녀들이 공감할 만한 시나리오를 완성해서 제작된 〈결혼 이야기〉(1992)는 한국 최초의 기획 영화

* 지금은 모두 철수하였다. 현재까지 제작 자본을 제공하는 대기업은 CJ(당시 제일제당), 동양, 롯데 등이 있다.

로 평가받는다. 이처럼 관객층에 대한 수요 조사나 예측을 통해 타깃 관객의 기호를 반영하는 아이디어 개발 단계, 완성된 시나리오와 기획안을 바탕으로 투자 대상자들을 물색하고 설득하는 과정을 포함한 영화 기획과 투자 부문의 중요성은 비로소 이 시기에 영화 산업에서 부각될 수 있었다. 그러나 1999년 삼성영상사업단의 해체가 말해 주듯이, 대기업들은 영화 제작의 잦은 지연과 흥행 실패를 겪으며 영화 산업에서의 철수를 결정하게 된다.

한편 주요 투자 주체로서 대기업이 빠져나간 자리를 금융 자본인 창업투자사(이하 창투사)가 메우게 되었다. 첫 주자는 '일신창투'로 그들이 투자한 〈은행나무침대〉(1996)가 흥행에 성공을 거두면서 금융 자본은 투자에 자신감을 갖게 되었다. 많은 창투사들과 투자조합이 영화 투자에 앞장섰으며 제작비에 대한 전액 투자나 공동 투자 형식으로 앞다투어 대작 영화 양산에 열을 올렸다. 그러나 〈성냥팔이 소녀의 재림〉(2002)에 110억에 달하는 제작비, 〈예스터데이〉(2002)나 〈아 유 레디?〉(2002) 등에 60억~70억에 달하는 제작비를 투자했음에도 불구하고 흥행에 참패했고, 설상가상으로 IMF 경제 위기로 인해 창투사의 영화 투자에 대한 열기는 꺾이게 된다. 이러한 간극을 보완하고 뒤를 이어 새로이 등장한 자본 주체가 바로 투자와 동시에 배급을 담당하는 '투자배급사'이다. CJ엔터테인먼트나 롯데엔터테인먼트 등의 미디어 기업은 영화에 대한 투자 제작 및 국내외 작품 배급 사업을 벌이고 있다. 뿐만 아니라 멀티플렉스 상영관 체인을 보유하고 수직 계열화를 통해 영화 산업에 대한 영향력을 확장시키고 있다.

이상에서 간략히 살펴보았듯이 영화의 제작을 위해 투입된 자본

표 3. 연도별 한국 영화 개봉작 평균 제작비

구분		한국 영화 개봉작	비고
수익성 분석 대상 작품 편수		65편	
평균 총제작비	평균 순제작비	32.5억 원	
	평균 마케팅비	15.6억 원	
	합계	48.1억 원	
평균 총매출액		45.9억 원	
평균 수익액		–2.2억 원	
평균 수익률		–4.6%	
손익분기점(BEP) 상회 편수 손익분기점(BEP) 상회 비율		16편 24.6%	
수익률 50% 상회 편수 수익률 50% 상회 비율		13편 20%	수익률 100% 상회 편수 포함 수익률 100% 상회 비율 포함
수익률 100% 상회 편수 수익률 100% 상회 비율		9편 13.8%	

의 흐름은 한국의 사회 경제적 상황과 밀접한 관련이 있다. 또한 투자 주체나 형식은 제작비의 규모를 포함해서 홍보 전략과도 밀접한 관련을 맺고 변화해 왔다. 예컨대 2011년을 기준으로 살펴보면 한국 영화의 총제작비는 표 3과 같다.[3]

당해 개봉한 한국 영화의 편수는 총 146편인데, 그중에서 총 제작비 10억 원 미만으로 이른바 저예산 영화로 분류되는 작품들은 82편으로 전체 제작 편수의 56.2%를 차지한다. 이들 저예산 영화들을 제외한 상업 영화들은 약 65편으로 이들의 평균 총 제작비는 48.1억 원(평균 순제작비 32.5억 원, 평균 마케팅비 15.6억 원)에 달한다. 해당 작품 65

편 중에서 손익분기점을 넘긴 영화 편수는 16편으로 이는 곧 상업 영화 4편 중 1편의 비율로 수익이 발생한 것이다. 따라서 투자 수익률은 –4.6%로 잠정 집계된다. 이상의 사례에서 알 수 있듯이 현재 한 편의 상업 영화를 만들기 위해서는 순제작비만을 기준으로 평균 30억 원이 요구되는 만큼 제작사나 감독 등의 어느 개인의 역량만으로는 부족하다. 따라서 대부분 투자배급사, 창업투자사, 투자조합 등의 투자 전문 기관을 통해 제작비를 조달받고 있다. 영화 산업은 흔히 '도박'에 비유할 정도로 리스크가 높아, 하나의 투자 기관이 한 영화에 단독 투자하는 대신에 위험을 분산하기 위해 주요 투자배급사가 다른 창투사나 펀드 등과 손을 잡고 공동 투자를 하는 경우가 많다.

이처럼 영화는 거대 자본이 요구되고 투자 위험률도 높은 만큼 개인으로 투자에 참여하는 경우를 발견하기란 쉽지 않다.• 그러나 인터넷 사용이 일상으로 자리 잡기 시작한 2000년대 초반부터는 이른

• 1995년 제작된 〈아름다운 청년 전태일〉이 총 제작비 15억 원 중 30%를 국민 모금 형태로 조달한 경우는 조금 예외적인 사례다. 투자 목적보다는 진실에 대한 사회적 요구가 바탕이 되어 가능했던 일이었다. 영화를 만든 박광수 감독의 인터뷰를 통해 당시의 상황을 조금 엿볼 수 있다. "〈아름다운 청년 전태일〉은 제작을 준비하는 단계에서 아예 개봉을 못할 거라고도 생각했어요. 그래서 2만 원 이상 돈을 내면 영화 제작자가 될 수 있다는 모금 방식이었죠. 의외로 시민들의 호응이 좋았어요. 요즘처럼 인터넷 뱅킹도 없던 시대에 7000명 이상의 사람들이 직접 은행에 가서 후원금을 보내주셨으니까요." (http://navercast.naver.com/contents.nhn?contents_id=244에서 일부 발췌)

바 일반인도 영화에 투자할 수 있는 길이 열렸다. '네티즌 펀딩*netizen funding*'의 등장이 바로 그것인데, 이를 통해 이제 개인도 영화 제작에 필요한 재정의 일부를 투자할 수 있게 된 것이다. 또한 개인이나 직장 동료 등 소규모 집단들의 영화 투자에 대한 관심을 독려함으로써 잠재 관객에 대한 홍보 효과도 꾀하였다. 이어지는 장에서는 '네티즌 펀딩'에 대해 살펴봄으로써 영화에 대한 투자 주체와 투자 방식의 변천사에 대해서 조금 더 구체적으로 알아볼 것이다.

KNOWLEDGE BOX

영화 제작비

영화 제작비는 흔히 다음의 세 가지 카테고리로 나누어서 살펴볼 수 있다. 우선 순수 제작비(순제작비)를 들 수 있는데, 이는 기획 개발 비용에서부터 제작 준비, 촬영 및 편집 등의 후반 작업에 드는 비용을 일컫는다. 한편 마케팅 비용(P&A, Print & Advertisement 비용)이 있는데, 이는 배급용 프린터의 제작 비용과 홍보 마케팅 비용 그리고 극장 관리 비용 등을 포함하고 있다. 이렇게 순수 제작비와 마케팅 비용을 포함한 비용을 총 제작비라고 한다.

2. 〈반칙왕〉, 네티즌 펀드를 등장시키다

네티즌 펀딩의 일차적인 취지는 영화 펀딩 방식의 다양화이다. 이를 통해서 거대 자본만이 참여할 수 있다고 생각했던 영화 제작에 일반인의 소자본도 참여할 수 있는 길이 열렸다. 인츠필름의 인츠닷컴, 심마니의 엔터펀드, 엔터스탁, 인터파크의 구스닥, 한스붐, 문화거래소지팬 등에서 네티즌을 대상으로 펀드 입찰을 진행하였다. 비록 소규모의 투자에 불과하지만 입찰에 참여한 네티즌은 자연스럽게 입소문 마케팅을 실현하게 됨으로써 제작사 측에서 보자면 저비용으로 고효율의 홍보 효과 또한 노릴 수 있게 된 것이다.

이와 같이 네티즌 펀드를 모집한 수익금으로 촬영된 최초의 영화는 김지운 감독의 작품 〈반칙왕〉(2000)이다. 영화사 봄의 창립 작품이며, 송강호가 주연을 맡았던 코믹·드라마 장르의 이 영화는 인츠필름 사이트(www.intzfilm.com)에서 총 1억 원을 공모하였다. 총 18억 원으로 책정된 제작비에서 17억은 창투사, 나머지 1억은 네티즌 펀드로 충당한다는 구상하에 1구좌당 5만 원씩 투자할 수 있도록 했다. 만일 흥행에 참패하면 투자금의 95%는 돌려주며 흥행 성공 시에는 투자 금액의 비율에 따라 배분한다는 형태였다. 한편 인츠필름 사이트를 운영했던 J&J미디어에서는 시나리오 공모나 조연 연기자를 공모하는 사업도 함께 진행해서, 일반인들도 영화의 기획에서 투자에 이르기까지 여러 경로를 통해 영화 제작에 참여할 수 있도록 유도했다. 이를 통해 자사를 홍보하고 자신들이 제작할 영화에 대한 관심을 환기하고자 하였던 것이다.[4] 〈반칙왕〉에 투자했던 네티즌들은 결국 종영 후 97%의 수익률[5]

을 올리게 되었고, 관객 투자자는 한국 영화계에 새로운 투자 주체로 떠오르게 되었다.

3. 네티즌 펀드의 역할

2000년을 즈음해서 영화계에 도입되기 시작한 네티즌 펀드는 다음과 같은 두 가지 역할을 담당하며 운용되었다. 첫째 제작비를 확충하는 실제적인 방편으로서의 역할, 두 번째로는 펀드에 참여한 일반인의 자발적인 입소문을 통해 영화 흥행을 촉진시키는 역할이다. 이런 맥락에서 보자면 명필름이 직접 투자하는 방식으로 제작한 2003년 작품 〈바람난 가족〉은 네티즌 펀드의 수혜를 톡톡히 입은 작품이라고 할 수 있다. 1차로 5억 원을 모집할 때 4시간, 2차로 다시 5억 원을 모집할 땐 불과 7분, 3차에 10억 원을 모집할 땐 무려 3분 만에 〈바람난 가족〉에 대한 펀드 모집이 마감되었다. 실제 이 영화는 총 530명이 투자하여 역대 네티즌 펀드 사상 최고액인 20억을 모집하는 성과를 거뒀다. 결국 총 제작비 28억 5000만 원의 70%를 관객의 펀드로 충당하게 된 셈이었다. 이러한 성과는 물론 명필름이 제시한 '투명한' 조건들에 대한 네티즌들의 호의적인 반응 덕분에 가능했다. 초기의 네티즌 펀딩은 투자라기보다는 오프닝 프로모션의 일부라는 느낌이 강했다. 크랭크인도 하지 않은 작품의 제작비를 미리 충당하는 방식으로 진행되면서 원금 보장조차 되지 않는 등 흥행 실패에 대한 대비책은 거의 전무할 정도였다.[6]

제작사인 명필름은 이러한 네티즌 펀드의 위험성을 정확히 인지하고, 그에 대한 보완책으로 영화의 제작 전에 사전 투자를 받는 것이 아니라 작품을 완성하고 극장 개봉을 하기 전에 시사회를 열어서 투자자를 유치하는 식의 '사후 펀딩' 방식을 채택했다. 이를 통해서 '묻지마 투자' 식의 위험한 베팅이 아니라 작품의 검증에 따른 계산된 투자를 받으려 했다. 더불어 관객이 175만 명 이상 입장할 시에 1원씩 추가 지급하는 혜택을 포함해서 투자한 원금의 70%를 보장해 준다는 조항을 통해 참가자들의 불안을 최소화하려고 했다. 또한 인터넷 펀드 대행사가 아니라 명필름이 직접 주관하여 투자에 참가한 사람들을 직접 관리했으며, 투자와 관련된 사항을 개인 이메일로 수차례 보내 주는 등 모든 진행 상황을 투명하게 했다. 그 결과 이 영화는 종영 이후 최종 79.4%의 수익률을 달성하며 공정하게 진행된 네티즌 펀드의 성과를 입증할 수 있었다.[7]

한편 장진 감독이 제작한 2005년 개봉작 〈웰컴 투 동막골〉 역시 다소 이채로운 방식을 동원해서 상당히 많은 개인 펀드를 유치하였다. 제작사가 이동 통신사 KTF와 연계해서 요금 고지서에 〈웰컴 투 동막골〉에 대한 투자자 모집 안내를 첨부한 것이다. 모바일 투자 펀드에 가입한 6300여 명은 최저 6만 원에서 최고 1000만 원까지 투자했고 그 결과 20억 원에 달하는 액수를 모았다. 총 제작비가 80여억 원인 것을 감안하면 25%에 달하는 금액을 모았다는 가시적인 성과를 거둔 것이다. 관객 300만 명을 동원했을 경우 손익분기점에 달했다고 할 수 있는 이 영화는 결국 600만 명 이상의 관객을 동원한 흥행작으로 부상하면서 투자자들에게는 55% 이상의 수익률이 전망되었다.[8]

투자비 확충이라는 측면에서 이상과 같은 가시적인 성과를 거둔 영화들도 존재한다. 하지만 네티즌 펀드를 통해 영화계가 기대했던 주된 역할은 영화에 대한 홍보 효과였다. 우선 간과할 수 없는 사실은 투자자들이 영화에 대한 자발적인 홍보요원으로 활동하면서 호의적인 '입소문'을 낸다는 점이다. 즉 일종의 사전 홍보 프로모션 전략으로서 네티즌 펀드의 가치는 충분하다고 판단했던 것이다. 예컨대 20억에서 30억 원 정도의 제작비가 드는 영화에 네티즌들로부터 1억이나 2억 원 정도 투자를 받는다고 해서 제작비 확충에 실질적인 도움이 된다고 할 순 없다. 그러나 더욱 중요한 사실은 바로 이렇게 소액을 투자한 사람들이 자신들이 투자한 영화에 대한 홍보요원으로 적극 활동한다는 점이다. 〈반칙왕〉을 비롯해서 〈공동경비구역 JSA〉, 〈동감〉, 〈단적비연수〉 등의 네티즌 펀드를 성공적으로 이끌어 냈던 인츠필름의 이진성 대표가 "제작비 투자 개념보다는 영화 마케팅과 적극적 관객 확보라는 측면"[9]에서 네티즌 펀드의 성과를 거론한 점이 이를 잘 입증한다.

역시 같은 맥락에서 영화계는 네티즌 펀드의 도입을 통해 매체 홍보를 위한 이슈를 창출해 내기를 기대했다. 즉 '어떤 영화가 얼마나 많은 금액을 더 빨리 공모 마감' 했느냐는 기사는 2000년대를 즈음해서 네티즌 펀드가 성행하던 시기 영화 관련 기자들의 주요 소재거리였다. 예컨대 심마니엔터펀드에서는 2001년 곽경택 감독의 작품 〈친구〉를 내세워 1억 원을 공모했는데, 네티즌들은 무려 1분 만에 투자를 완료했으며 상영을 시작한 지 단 이틀 만에 네티즌들이 투자한 원금을 전액 회수할 수 있었다. 이는 영화를 홍보하기에 더할 나위 없이 좋은 이슈였다. 〈신라의 달밤〉(2001) 역시 1억 5000만 원을 대상으로 공모를 시작해 10초 만에 마감시킨 전력으로 화제를 모았고 〈인디안 썸머〉(2001)는 2차에 걸쳐 1억 2000만 원을 공모해서 3분 41초 만에 마감하는 기록을 자랑하기도 하였다.

4. 네티즌 펀드의 허와 실

2000년대 초반을 즈음해서 영화계를 뜨겁게 달구었던 네티즌 펀딩의 열기는 급속도로 식기 시작하였다. 물론 이는 투자자들이 작품에 대한 상세한 정보를 숙지하지 않은 상태에서 영화 흥행을 예측하기 쉽지 않다는 점을 간과했다는 데에서 그 이유가 있다고 볼 수 있다. 영화 〈천사몽〉(2000)을 위해 한스붐에서 기획한 인터넷 펀드는 서울 관객 50만을 기대하며 3억 3000만 원을 공모했는데 한때 투자 과열로 3000만 원이 넘는 비용을 투자하는 전문 투자자들이 몰리기도 하였다. 그러나 전국적으로 1만 관객을 밑도는 흥행 참패로 인해서 투자자들에게 대규모 손실을 안겨주었다. 〈킬리만자로〉(2000)의 –54%, 〈눈물〉(2000) 등의 –40%의 손실 역시 네티즌 펀딩을 위축시킨 대표적인 사례라고 할 수 있다.

그러나 엄밀히 분석하자면 이와 같은 관객들의 '묻지마 투자'보다는 제도적 장치의 부실이 네티즌 펀딩을 위축시킨 주요 요인이라고 할 수 있다. 영화 투자와 같이 위험률이 높은 펀드 상품을 운용하는 회사가 전문 금융 회사가 아니라 인터넷 펀드 회사들이었기 때문에 이들이 투자자들에 대한 관리를 소홀히 했다는 점을 우선적인 문제로 꼽을 수 있다. 즉 완성된 영화의 시사회 후 투자를 유도하거나 원금을 보장하는 등의 투자자 보호를 위한 조항을 일괄적으로 시행하지 않았던 것이다. 이처럼 흥행 실패에 대한 대책 마련이 충분히 되어 있지 않은 상태에서 투자자들에 대한 사후 관리 또한 제대로 이뤄지지 않았다. 2만 원이나 5만 원씩 소액으로 투자하던 개미 투자자들이 반짝 유행에 사로잡혀 어느새 3000만 원을 넘겨 투자하게 되는 동안 그들에 대한 사후 관리는 전무했다. 투자자들에게 수익은 투명하게 배당되었는가? 수익 배당의 기준은 무엇인가? 과연 투자자들에게 주어지는 정보는 공정하게 제시되었을까?

네티즌 펀드의 성공 사례로 종종 소개되는 〈친구〉(2001)의 배당금 분배 문제에 대한 투자자들의 논쟁이 이에 대한 좋은 사례이다. 총 제작비 28억 원이었던 〈친구〉는 관객이 400만 명을 돌파할 시, 투자자들에게는 명기된 일정 금액이 돌아가도록 되어 있었다. 그러나 네티즌 펀드를 진행했던 심마니엔터펀드와 코리아픽처스에서는 400만 관객을 넘긴 시점에서 예상 수익표를 임의로 개편해서 새로 공개하였는데, 개편된 조항에 따르면 투자자들에게 대한 배당 액수가 줄어들었다. 개인 투자자들은 이에 항의해서 순이익과 추가 발생 비용 등에 대한 투명한 정보 공개 요청과 함께 투자 조건에 대한 일방적 수정에 항의하는 글을 각종 영화 전문 사이트와 심마니엔터펀드에 올리며 사태의 심각성을 고발했다.[10] 이와 같은 사례는 투자와 관련한 법규의 정립이 시급함을 시사한다.

가장 최근에 네티즌 펀드로 제작비를 모금한 것으로 알려진 영화 〈안녕, 형아〉(2005) 역시, 2004년 11월 일반인 투자자에 의해 19억

5000만 원을 공모하는 데 성공했지만[11] 이 과정에서 많은 의견 마찰을 겪었다. 금융감독원에서 이 펀드 공모의 적법성 여부에 논란을 제기하여 공방을 벌인 것이다. 금융감독원은 불법이라는데 재정경제부는 합법이라는 상반된 결론을 제시하기도 했다. 무엇보다 이 일은 인터넷 펀드에 관련한 세부 법조항이 마련되어 있지 않아 기존 금융법에 끼워 맞추다 보니 발생한 해프닝이다. 불필요한 대립을 피하고자 했던 명필름 측에서 투자자들 집단을 '익명 조합원'이라는 형태의 자금 모집 방법으로 바꿔 겨우 공모에 성공했다.

5. 포스트 네티즌 펀드

〈안녕, 형아〉(2005)를 마지막으로 네티즌 펀드는 한국 영화계에서 더 이상 찾아볼 수 없게 되었다. 그렇지만 여전히 투자 정보가 개방되고 영화 제작에 관객의 참여를 유도한다는 발상은 다른 형태로 나타나고 있다. 노근리 학살 사건을 다룬 영화로 2010년 개봉한 〈작은 연못〉의 경우엔 필름 구매 캠페인을 통해서 관객이 자발적으로 프린트 비용을 지불하도록 유도했다. 즉 정치적인 의미가 있는 작품의 제작을 후원하는 취지에서 관객이 영화 필름을 직접 구매하는 것이다. 이와 같이 배당금을 기대한 투자가 아니라 비상업 영화를 후원한다는 맥락에서 총 3700명이 참여하였다.[12]

이러한 사례는 이제 한국 영화계에서 '네티즌 펀딩'보다는 '소셜 펀딩*social funding*,' '크라우드 펀딩*crowd funding*,' 또는 '마이크로 펀딩

micro funding' 등의 용어가 자리잡을 것으로 예측된다. 이러한 용어들에서도 알 수 있듯이 이제 투자보다는 후원을 목적으로 하는 재정적인 지원이 네트워크상에서 보편화될 소지가 다분하다. 현재 이러한 소셜 펀딩은 페이스북이나 트위터와 같이 사람들이 많이 모이는 소셜 미디어 공간에서 사회 운동 차원의 아이디어나 프로젝트를 공개하고, 이에 호응하는 사람들로부터 소액이나마 일정한 금액을 후원받는 방식으로 이뤄지고 있다. 국내에서는 '디스이즈트루스토리(대표 임현나)'[13]라는 소셜 펀딩 사이트가 2011년 처음으로 문을 열었다. 〈작은 연못〉의 후원 사례에서처럼 '소셜 펀딩'이라는 개념이 과연 앞으로의 영화 산업에 어떤 방식으로 접목되고 그 영향력을 행사하게 될지 주목해야 할 것이다.

주

1. 김형석, 《영화 콘텐츠 비즈니스》, 문지사, 2002, p.102.

2. 좌승희 · 이태규, 〈한국 영화 산업 구조 변화와 영화 산업 정책–수직적 결합을 중심으로〉, 한국경제연구원, 2006, p.99.

3. 영화진흥위원회, 〈2011년 한국 영화 산업 결산〉, 〈표 34〉 참고.

4. "인터넷 통해 투자 · 시나리오 · 배우 공모 '영화 함께 만들어 볼까요'," 〈경향신문〉, 1999. 11. 18.

5. "인츠닷컴, 반칙왕 네티즌 펀드 80% 수익 전망," 〈매일경제〉, 2000. 4. 19; "문화적 투자 '네티즌펀드'," 〈한겨레21〉, 제354호, 2001. 4. 10.

6. 유재희, 〈영화 산업의 인터넷 펀딩에 관한 연구〉, 단국대학교 마케팅 전공 석사 학위논문, 2003, p.20.

7. "바람난 가족 영화 펀드 3차분 10억 공모 3분 만에 마감," 〈매일경제〉, 2003. 8. 8; "'바람난 가족' 인터넷 펀드 최종 수익률 79.4% 배당," 〈매일경제〉, 2003. 11. 10.

8. "웰컴 투 동막골… 웰컴 투 머니," 〈조선일보〉, 2005. 8. 29.

9. "인츠닷컴, 반칙왕 네티즌 펀드 80% 수익 전망," 〈매일경제〉, 2000. 4. 19.

10. http://ask.nate.com/knote/view.html?num=69392; http://www.cineseoul.com/community/sentiments_view.html?boardID=movie&contentsID=15947&nowPage=

11. "[인터뷰–심재명] 20억 투자한 네티즌에 보답해야죠," 〈파이낸셜뉴스〉, 2003. 8. 21; "새 국면 맞는 영화계의 '네티즌 펀드'," 〈머니투데이〉, 2004. 9. 8; "우리가 궁금한 다섯 가지 것들 '인터넷과 영화 마케팅'," 〈필름 2.0〉, 2006. 8. 24.

12. "영화 '작은 연못'은 기적이었다," 〈미디어오늘〉, 2010. 4. 11.

13. "[이사람] 임현나 더트루컴퍼니 대표 "'플레잉 포 체인지'가 인생을 바꿨어요"," 〈헤럴드경제〉, 2011. 2. 7.

chapter 4

영화, 광고와 만나다

1. PPL의 국내 영화 시장 진입 역사

영화나 드라마를 제작함에 있어서 극의 사실적인 전개를 위해서는 가구나 가전제품에서부터 자동차에 이르기까지 최소한의 기본적인 소품들이 필요하다. 소품 담당자들은 이러한 물품들의 구입비를 절약하는 차원에서 이들 제품들을 생산하는 기업체로부터 빌리거나 기증을 받곤 하였다. 이러한 관행에서 PPL(Products Placement)이 출발했다. 즉 영화나 드라마에 사용되는 소품들을 배치하는 것을 PPL이라는 용어로 지칭하였던 것이다. 그러나 PPL은 점차 기업체를 위한 '간접 광고의 일환'으로 인식되면서 그 위상과 역할이 사뭇 달라졌다. 즉 소품으로 활용된 해당 제품이 극적 노출을 통해 인지도가 상승된다는 사실을 인식하면서부터 기업체는 PPL을 간접 광고의 일환으로 간주하게 된 것이다. 이에 따라서 제작사들은 기업체에 '현물 협찬'의 명목으로 제품에 대한 대여나 기증을 요청하던 관례에서 탈피해, 오히려 기업체로부터 제품을 노출시키는 대가로 정당한 비용을 청구하기에 이르게 되었다. 영화 제작사들이 '제작비 절감' 차원에서 소극적으로 활용했던 PPL이 이제 '제작비 확충'이라는 차원에서 보다 더 적극적으로 활용되면서 영화 산업을 움직이는 중요한 동력으로 성장하게 되었다.

국내 영화 산업의 경우를 예로 들면, PPL에 대한 인식 전환의 계기가 된 시점은 1990년대 초반부터라고 할 수 있다. 〈결혼 이야기〉(1992)에서 극중 신혼부부의 거실과 주방 등에 삼성전자의 가전제품을 지속적으로 노출시킨다는 조건으로 삼성전자가 5만 장의 입장권을 구입하였다. 〈구미호〉(1992)에서는 주인공(고소영 분)이 운영하는 카페를 카스 맥주로 채운다는 조건으로 현금과 물품을 포함해서 5000만 원에 상응하는 금액을 지불받았다. 이들은 PPL을 산업적으로 활용하고자 하는 의지를 잘 보여 주는 대표적인 선례라고 할 수 있다.

그렇지만 PPL의 효율성이 기업체들에게 각인되고 이에 따라 그 산업적인 위상이 높아지게 된 것은 2000년대 이후부터이다. 한국형 블록버스터를 표방한 〈쉬리〉(1999), 〈공동경비구역 JSA〉(2000)와 같은 영화들이 국내외 시장에서 흥행하면서 더불어 이들 영화에서 노출된 상품에 대한 대중적인 인지도는 급상승했다. 특히 〈공동경비구역 JSA〉에 등장하는 북한군(송강호 분)이 "내 소원은 공화국이 남조선보다 더 맛있는 과자를 만들어 내는 거야"라는 대사를 읊조리면서 초코파이를 맛있게 먹는 장면에 대한 협찬사의 만족도는 기대 이상이었다. 단지 현물 협찬으로 100만 원 정도가 지원되었는데, 실제 거둔 효과는 홍보 비용 약 13억 원에 버금가는 투자에 상응한다[1]는 인식이 퍼지면서 기업체들의 PPL 수요는 급증했다.

삼성이나 현대와 같은 글로벌 기업체들이 할리우드 영화에 삽입한

PPL 역시 영화라는 매체를 활용한 간접 광고 전략의 필요성을 각인시켰다. 영화 〈스파이더맨〉(2002)에서 스파이더맨이 뉴욕의 타임 스퀘어를 배경으로 결투를 벌이는 장면에서는 우연찮게 삼성의 로고가 전광판에 약 7초 동안 노출되었는데, 삼성은 이 장면의 광고 효과를 인지한 후 전 세계적으로 배급되는 할리우드 블록버스터 영화들을 활용한 PPL 전략을 본격적으로 구사하기 시작하였다. 삼성은 해외 PPL 전담팀을 가동하면서 보다 적극적인 움직임을 모색하였고 그 결과 워너브러더스와 〈매트릭스 리로디드 2〉(2003)[2]를 비롯해서 〈디파티드〉(2006), 〈오션스 13〉(2007) 등의 작품들에 자사 모바일 폰*mobile phone*의 PPL을 적극적으로 추진할 수 있었다.

그렇다면 과연 현재 한국의 영화 산업에 있어서 PPL의 위상과 역할은 구체적으로 어떠한가? PPL이 어떠한 방식으로 영화라는 오락 매체와 결합되어 있는가? 이제 한국의 영화 산업 관계자들은 PPL의 중요성에 대해서 충분히 인지하고 있으며 이를 적극 활용하고 있다. 영화사들은 기업의 상품을 노출시켜 주고 그에 상응하는 비용을 청구하는 것으로 PPL을 인식하여, 작품의 기획 단계에서부터 PPL을 활용할 방안에 대해서 치밀하게 계산하고 있다. 즉 시나리오를 구상하는 단계에서부터 PPL과 결부시킬 수 있을 기회를 다각도로 검토함으로써 제작비 확보 차원에서 보다 더 공격적으로 활용하고 있다. 본문을 통해 이러한 변화들을 구체적으로 짚어봄으로써 현재 한국 영화 산업에서 PPL이 어떠한 방식으로 진행되고 있으며 어떠한 산업적인 입지를 차지하고 있는지 본격적으로 살펴보자.

2. PPL 유형

극영화의 경우 PPL은 다음과 같이 네 가지 유형으로 나누어 볼 수 있다.

첫째, 해당 제품이나 서비스에 대한 단순 노출이다. 즉 카페나 음식점, 또는 복잡한 차도와 같이 극영화에 등장하는 배경의 사실성을 고양시키기 위해서 커피나 음료수, 자동차 등이 자연스레 노출되는 경우를 의미한다. 즉 필요한 소품의 일부로서 등장하고 있는 만큼 이는 우연한 노출에 가깝다고 할 수 있다.

둘째, 제품의 로고나 제품 광고가 의도적으로 노출되는 경우이다. 〈괴물〉(2006)에서 한강변에서 매점을 운영하는 등장 인물(송강호 분)이 손님들에게 맥주를 가져다 주는 장면에서 제품 로고가 노출되는 경우나 〈우리 생애 최고의 순간〉(2008)에서 핸드볼 대표팀의 운동복 로고가 노출되는 경우를 들 수 있다. 한편 〈슈퍼맨 리턴즈〉(2006)와 같은 할리우드 영화의 경우 무려 274개에 달하는 삼성전자의 제품들이 노출되었다. 주인공이 일하는 신문사에 비치된 컴퓨터, 프린터에서부터 LCD TV에 이르기까지 모든 전자 제품들은 삼성전자의 제품들이었으며, 야구장의 대형 전광판, 슈퍼맨을 촬영하는 한 꼬마의 휴대전화에도 삼성 로고가 붙어 있을 정도로 삼성은 공격적으로 자사 상품의 의도적인 노출을 꾀하였다.

셋째, 등장 인물이 제품의 명칭을 직접 언급하거나 제품을 설명하는 경우가 있다. 즉 제품을 화면으로 보여 주는 식에 그치는 것이 아니라 연기자들이 제품의 특징이나 장점을 직접 언급하기도 하는 것이다.

〈아는 여자〉(2004)에서는 커피숍 아르바이트를 하는 주인공의 친구(이민정 분)가 해당 커피 프랜차이즈에서 개발한 신제품 음료를 마시며 연신 맛있다고 칭찬하는 장면이 있다. 한편 〈오션스 13〉(2007)과 같은 할리우드 영화의 경우 초호화 카지노 호텔의 대표가 한정판으로 출시되는 삼성 휴대전화를 구입하고 싶어서 안달을 하며 비서와 대화를 나누는데, 이 장면에서 그는 'SAMSUNG'이라는 회사 명칭을 직접 언급하면서 1만 달러짜리 전화기의 구매를 당부한다.• 그뿐 아니라 최첨단 보안 시스템으로 인해서 호텔 내부에서 전파가 차단되는 상황에도 불구하고 그는 다른 휴대전화기들과 달리 삼성 제품은 신호를 잡을 수 있다고 언급하면서 삼성의 기술력을 과시한다.

넷째, 캐릭터나 플롯을 구축하는 방편의 하나로 활용되는 경우도 있다. 예컨대 〈말아톤〉(2005)에서는 자폐를 가진 주인공(조승우 분)의 홀로서기를 보여 주기 위한 핵심 소품으로 초코파이가 사용되고 있다. 주인공 초원이는 달리는 얼룩말과 초코파이를 유난히 좋아하는 자폐아다. 그의 어머니는 힘든 산행에 지친 아들에게 초코파이를 건네 주며 힘든 적응 과정을 견디게 했고, 그 가운데 그의 달리기 재능을 발견한 어머니의 꾸준하고 적극적인 트레이닝을 통해 마라톤을 시작하게

• 카지노 호텔의 대표와 비서와의 대화를 인용하면 다음과 같다.

대표: "그 전화기 잊지 말도록 해."

비서: "아 골드 모델 말씀이시군요. 1만 달러짜리요?"

대표: "그래, 삼성에서 나온 것 말이야."

된다. 자기 욕심에 아이를 혹사시키는 것이 아닐까, 이 아이가 사실은 달리는 것을 싫어하는 것이 아닐까 하며 어머니는 심리적 갈등과 고뇌를 겪지만, 초원은 마라톤에 대한 의지를 꺾지 않는다. 드디어 마라톤 대회에 참가하게 된 초원은 어려운 고비에 포기하고도 싶지만, 손에 쥐고 달리던 초코파이가 땅에 떨어져도 모를 만큼 마라톤에 푹 빠져 마침내 완주한다. 이처럼 실화를 바탕으로 한 자폐 아동의 감동적인 성공담에서 초코파이는 초원이가 좋아하는 배경 소품일 뿐 아니라, 과거의 집착을 놓아버리고 자신의 길로 나아간다는 상징적인 의미 또한 관객들에게 전달하고 있다. 해당 기업인 오리온은 이 영화를 위해 초코파이 100여 박스를 협찬했으며, 관계자는 "영화의 주제인 '모정'과 초코파이의 '정情' 컨셉이 맞아떨어져 영화 흥행이 매출 증가로 이어지고 있다"고 답했다. 영화가 개봉된 당시에는 시작부터 2주간 매출이 13%나 올랐을 만큼[3] 제품이 구축한 이미지에 제대로 부합하는 작품과 만나서 좋은 성과를 거두었다.

한편 〈내 남자의 로맨스〉(2004)와 같은 경우엔 PPL을 더욱 치밀하게 전개하였다. 남자 주인공(김상경 분)은 방충방제 기업인 세스코 기술 연구소의 연구원으로 등장한다. 들쥐 소동으로 떠들썩한 병원에 직원들과 함께 등장해서 침입 경로를 분석하고 들쥐를 박멸하고, 최첨단 장비가 가득한 실험실에서 연구에 몰두하는 그의 모습 등을 통해서 해충 방제 기업인 '세스코'는 자연스레 기업 이미지를 홍보할 수 있었다. 뿐만 아니라 해충의 존재는 이 영화에서 극을 전개시키는 주요 모티프로서도 작용한다. 우연히 고장난 엘리베이터 안에서 인기 절정의 여배우(오승현 분)와 단둘이 갇히게 된 그는 엘리베이터 안에서 희귀

한 바퀴벌레를 발견하게 되고 이를 잡기 위해 좌충우돌하면서 그녀와 친해진다. 이러한 방식으로 해충의 존재는 이 영화에서 일상의 일부로 등장하면서 관객의 뇌리에 깊이 박힌다. 더불어 이러한 일상의 불편함을 해소하는 기업으로서 세스코는 해충을 향해 살충제를 살포하는 업무뿐 아니라, 새로운 약제와 기술 개발에 주력하면서 체계적인 방식으로 해충을 방제하고 관리할 수 있다는 사실을 관객들에게 피력함으로써 자사의 서비스가 갖는 차이점을 각인시키고자 했다.

3. PPL 요금 체계

PPL을 유형별로 살펴본 것에서도 알 수 있듯이 해당 제품의 노출 시간이나 위치, 그리고 빈도수는 각기 달리 이루어진다. 제품이 노출되는 맥락 또한 상이하다. 이처럼 노출 빈도나 맥락이 다른 만큼 PPL에 대한 요금 또한 차별적으로 제시된다. 전문적인 PPL 대행 에이전시들이 활발하게 활동하고 있는 할리우드의 경우를 한번 살펴보도록 하자.

할리우드에서는 PPL 에이전시는 물론이거니와 기업이나 영화사의 PPL 전담 부서들이 PPL을 하기 적절한 영화를 찾기 위해서 연간 400여 개에서 500여 개에 이르는 영화 대본들을 검토하고 있다. 그뿐만이 아니라 특정 화면이 PPL에 적절하지 않다고 판단되면 해당 상품에 맞도록 대본 수정을 요구하기도 한다. 이처럼 공격적으로 PPL을 활용하고 있는 만큼 요금 체계 또한 브랜드의 노출 시간은 물론, 프레임의 전경, 후경 또는 중심 위치 등 해당 브랜드의 노출되는 구도에 따라서도 상당히 세분화·규격화되어 있다.

PPL을 통한 수익 창출의 비중은 상당히 높은 편이다. 〈마이너리티 리포트〉(2002)와 같은 경우를 예로 들자면 극중 미래형 이동 수단으로 등장하는 자기 부상*Mag–Lev* 자동차에 렉서스Lexus라는 승용차 로고를 입히는 조건으로 500만 달러, 주인공(톰 크루즈 분)이 사용하는 헤드폰 형식의 이동전화에 노키아Nokia의 로고를 사용하는 조건으로 2000만 달러를 책정하였다. 이처럼 〈마이너리티 리포트〉는 PPL 기회를 최대한 활용함으로써 제작비 1억 달러 중에서 약 25%에 달하는 금액인 2500만 달러를 PPL 수익으로만 창출한 것이다.[4] 〈007 어나더 데이〉(2002)의 경우, 포드Ford 사는 최고가 자동차인 애스턴 마틴Aston Martin을 노출시키는 조건으로 총 제작비의 40% 정도에 달하는 금액인 3500만 달러를 지불한 바 있다.[5] 이상의 사례에서도 알 수 있듯이 할리우드의 경우에는 편당 20개에서 50개의 PPL이 삽입되고 있는데, 이를 시간으로 환산한다면 전체 상영 시간 중에서 30분에서 40분 정도에 달하는 분량이다. 특히 할리우드 블록버스터에는 한 건당 2000만 달러에서 3000만 달러에 달하는 PPL이 보통 네 건에서 다섯 건 정도 포함되어 있는데, 이를 통해서 총 제작비의 10% 정도의 금액을 충당할 수 있는 것이다.[*]

그러나 이에 반해 국내의 영화 PPL 시장은 비록 성장세에 있다고는 하나 그 규모는 여전히 작은 편이다. 2002년을 기준으로 살펴보면 한국 영화의 PPL 금액은 평균 5000만 원 선으로 총 제작비의 1.5% 정도 수준이다. 〈좋은 사람 있으면 소개시켜줘〉(2002)에서 결혼 정보 회사 듀오는 주인공(신은경 분)이 재직 중인 직장으로서 커플 매니저들의 전문성을 부각시키고 듀오 회원들만의 싱글 파티 등 각종 이벤트를 소개하는 등 상당히 적극적인 PPL을 전개시키는 조건으로 8000여만 원을 지불하기도[6] 하였고, 〈가문의 영광〉(2002)과 같은 작품에 현대카드는 PPL 금액으로 2억 원을 지불하기도 하였다. 그러나 이와 같은 사례들은 소수에 불과할 뿐 대부분의 한국 영화들에서 PPL이 예산에 기여하는 정도는 할리우드에 비하면 그리 높은 실정은 아니다.[●●]

4. PPL과 장르 편중도

한국의 영화 산업의 경우 PPL의 활용과 관련해서 주목할 사항 중 하나는 PPL의 장르별 편중 현상이다. 영화를 코미디, 드라마, 액션, 전쟁,

---

● 〈마이너리티 리포트〉(2002)와 같이 천문학적인 제작비가 투입된 영화는 제작비의 25%를 PPL 유치로서 충당하였던 것이다. 그러나 이는 비교적 예외적인 사례라고 할 수 있다. 블록버스터 영화에서 PPL이 차지하는 비중에 대해서는 다음을 참조하였다. 손일권, 《브랜드 아이덴티티, 경영정신》, 2003, pp.450~467; 이혜원, 〈국내 영화 속 제품 배치(PPL) 실태에 관한 연구〉, 중앙대학교 국제경영대학원 석사 학위 논문, 2003, pp.39~42.

●● 한국 영화의 평균 제작비를 33억 원 정도로 책정하였을 때 5000만 원이라는 금액이 차지하는 비율은 1.5%이다. 물론 〈가문의 영광〉에서 현대카드의 예는 극소수에 불과하다.

시대극, 공상과학(SF), 추리·모험·스릴러, 공포·호러 등의 장르로 나누어 살펴보면 PPL이 드라마나 코미디 장르 등에 편중되고 있음을 발견할 수 있다. 류수한[7]은 1999년부터 2005년 8월 사이에 개봉된 국내 흥행작 50편을 집중 분석하였는데, 그의 연구 결과에 따르면 PPL 제품의 노출 수치는 코미디(37%), 드라마(20%), 액션(16%), SF(11%), 추리·모험·스릴러(10%), 공포·호러(5%) 순으로 나타났다. 왜 이러한 장르별 편중 현상이 나타나게 되는 것일까?

우선 드라마나 코미디 장르의 경우엔 일상생활을 배경으로 연인이나 가족들의 관계에 초점을 맞추고 있는 만큼 휴대전화나 노트북, 각종 가전 제품이나 가구 등의 소비재 제품들을 극영화의 사실성을 고양시키기 위한 소품으로 자연스럽게 배치할 수 있다는 장점이 있다. 또한 심미적인 화면 구성에 치중하곤 하는 장르의 특성상 PPL 제품의 시각적인 장점을 충분히 피력할 수 있어 기업들의 선호도가 높다.

같은 맥락에서 살펴봤을 때 추리나 스릴러, 호러 등의 장르에서는 PPL이 다소 소극적으로 진행될 수밖에 없다. 이 장르들은 흔히 '컬트팬'이라 불리는 특정한 관객층에게만 한정적으로 소비되는 경향이 있기 때문에 여성이나 남성 또는 가족 등, 보편적인 소비자 계층을 노리는 제품을 생산하는 기업의 관점에서 보면 소비자 층이 제한적이라는 단점을 갖는다. 그뿐 아니라 이들 장르의 영화는 코미디나 드라마 등의 장르에 비해서 그 흐름이 긴박한 만큼 지속적인 노출을 통해 제품의 인지도를 상승시키기에 다소 불리하다. 또한 장르의 특성상 시각적으로 화려하거나 매혹적인 장면을 연출해야 한다는 기대감이 높지 않아, 제품 디자인의 장점을 피력할 기회는 줄어들 수밖에 없는 것이다.

따라서 기업의 입장에서는 이러한 장르와 PPL 상품을 어떻게 연결 짓고 어떠한 방식으로 긍정적인 효과를 이끌어 낼 수 있을 것인가를 고민하기보다는 더 많은 사람들이 쉽게 공감하고 함께 웃을 수 있는 장르들에 관심을 기울이는 것이 당연한 현상이다.

한편 동시대를 배경으로 하지 않은 장르들의 경우엔 PPL이 활용

장르별 영화 작품당 평균 PPL 제품 수

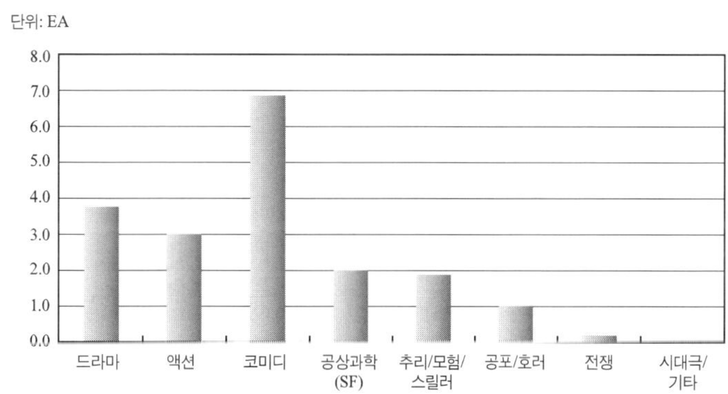

영화 장르별 작품 수 기준

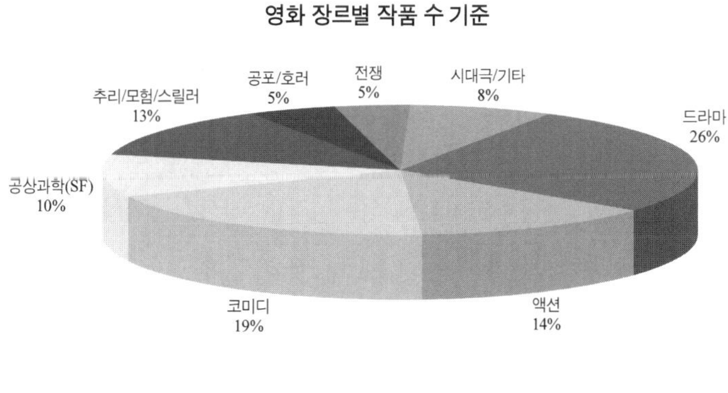

될 소지가 거의 전무한 실정이다. 예컨대 삼국 시대나 조선 시대 등을 배경으로 하는 시대물로 분류되는 작품들이나, 한국 전쟁을 소재로 한 전쟁 영화들에서는 일반 소비재 기업들이 생산하는 제품들을 소품으로 활용할 여지가 전혀 없기 때문에 PPL 매체로서의 역할은 극히 미미하다고 할 수 있다.

물론 이러한 장르별 편향성을 넘어서는 경우들도 간혹 발견할 수 있다. 예컨대 스타 배우들이 출연하고 유명 감독이 연출을 맡은 기대작인 경우엔 이러한 장르적 한계점을 뛰어넘을 때도 있다. 스릴러물로 분류할 수 있는 〈친절한 금자씨〉(2005)가 좋은 사례이다. 평단은 물론 국내외 관객으로부터 큰 호응을 거둔 〈올드보이〉(2003)에 이은 박찬욱 감독의 '복수 시리즈'로 개봉 전부터 많은 관심과 화제를 모았던 〈친절한 금자씨〉는 스릴러 장르와 PPL의 간극이 보기 좋게 메워지는 작품이다. 주인공인 금자(이영애 분)는 13년을 감옥에서 복역한 후 출소하여 제빵사로 취직한다. 그러나 감옥에서 마치 모든 죄를 참회한 천사처럼 굴었던 그녀는, 감옥 문을 나서자마자 출소 후 먹는 흰 두부의 반성적 메시지를 무시하고 자신이 죄를 짓게 된 근거인 백 선생(최민식 분)에게 복수하기 위해 그에게 당한 피해자들을 찾아 나선다. 처절한 피의 복수를 마치고 그녀는 복수의 통쾌함이나 구원보다는 허탈함, 죄책감 등의 감정을 복합적으로 느끼게 된다. 결국 금자는 입양된 자신의 딸, 그리고 순진한 빵가게의 소년 등 자신 주위의 사람들과 더불어 진정으로 새로운 삶을 살고자 한다. 이러한 의미심장한 메시지를 담은 엔딩 시퀀스에는, 금자가 과거 감옥에서 출소할 때 자신이 팽개친 흰 두부를 연상시키는 두부 모양의 케이크에 얼굴을 세게 파묻는 장면이 등장한다. 이때 사용된 두부 케이크는 이 영화의 배급을 맡았던 CJ엔터테인먼트의 계열사인 뚜레쥬르에서 제작했으며 '친절한 뚜레쥬르,' '뚜레쥬르 금자씨와 친절하게 만나다'라는 광고 문구를 활용한 마케팅 전략을 펼치면서 영화와 공동 프로모션 전략을 구사하였던 제품이다. 이 케이크는 영화 개봉 이후 많은 화제를 모으며 이 영화를 수출했던 일본에서도 판매된 바 있다.[8] 이상에서 살펴보았듯이 연기자나 감독이 가진 스타 파워 등에 의지해 때론 장르별 한계를 뛰어넘는 PPL 전략이 구사되기도 한다.

5. 타이 인 프로모션 Tie-in promotion

지난 몇 년간 'PPL 영화,' 또는 '홍보 영화'라는 표현은 종종 인터넷을 달구기도 하였다. 예컨대 시나리오 단계에서부터 '듀오'와 협의하여 긴밀하게 PPL을 진행시켰고, 그 결과 듀오의 사무실, 커플 매니저들의 역할과 업무 및 듀오에서 벌어지는 각종 이벤트 등이 여과 없이 소개되었던 〈좋은 사람 있으면 소개 시켜줘〉(2002)는 '듀오의 홍보 영화'라는 비난을 받았다. 이처럼 PPL이 과도하게 사용된 영화들은 '8000~9000원'에 달하는 입장료를 지불하고 영화관을 찾은 관객으로부터 외면 받는다. 영화적인 재미와 작품성을 훼손시키지 않는 범위 내에서 PPL을 적절하게 활용하는 것은 영화 산업 관계자들에게 중요한 명제라고 할 수 있다. 특히 요즘처럼 대규모 자본을 기반으로 '복합 기업화'를 추구하면서 영화계에 PPL이 광범위하고 빠른 속도로 확산될 수 있는 산업적인 토대*infrastructure*가 조성되고 있는 상황에서는 이러한 명제의 중요성이 더욱 높아질 수밖에 없다.

앞 장에서 살펴보았듯이 현재 국내 영화 산업의 구조가 복합 기업화되면서 PPL이 제작 시스템의 일부로 정착되고 있는 상황이다. 외식 업체, 호텔이나 백화점을 거느린 CJ와 롯데는 현재 다양한 형태의 엔터테인먼트 회사들을 거느린 복합 기업체로 그 모습을 갖추고 있다. CJ의 경우를 보면 CJ엔터테인먼트와 시네마서비스 그리고 CGV를 통해서 영화의 제작과 배급 그리고 상영을 장악하고 있다. 또한 CJ뮤직, CJ미디어, CJ인터넷을 통해서 음악과 관련된 콘텐츠의 기획과 생산 그리고 판매에 이르는 영역까지 아우르고 있는 것이다. 이렇게 외식 산업이나 레저 산업 등에서 출발한 국내 대기업들이 영화나 방송 그리고 음악, 매니지먼트에 이르는 영역을 거느린 복합 기업체의 형태로 사업을 재편성하면서 개별 기업들 간의 교류와 협업을 활용하여 나타나게 될 '시너지'에 대한 기대치는 더욱 높아지고 있다.

즉 CJ엔터테인먼트를 사례로 들면 한 편의 영화가 개봉을 앞두고 있다고 할 때 CJ뮤직은 그 영화의 OST를 판매하기 시작할 것이며 CJ미디어에서는 자사의 프로그램을 방영하는 중간에 영화 음악의 뮤직비디오나 영화 트레일러를 홍보할 것이다. 그뿐이 아니라 계열 회사의 주력 상품들이나 로고 등을 영화의 기획 단계에서부터 주요한 소품이나 배경으로 선정하여, PPL을 통해 계열 회사들에 대한 적극적인 홍보에 주력할 수 있다. 바꾸어 말하자면 총체적인 '타이 인 프로모션'이 '시너지'의 일환으로 적극 활용될 소지가 더욱 다분하다는 것이다. 따라서 자사와 관련된 기업체들의 PPL의 범위와 강도를 어떻게 조율해야 할지에 대한 진지한 고민이 수반되지 않는다면 간접 광고의 홍수라는 비난과 함께 관객의 외면을 피할 수 없을 것이다.

2010년도의 흥행 작품 중 하나인 〈시라노; 연애조작단〉(2010)의 구체적인 사례를 통해서 오늘날 이러한 '복합 기업화'라는 산업적인 환경이 어떠한 방식으로, 얼마나 관객의 소비 촉진을 부추기고 있는지 더욱 심도 깊게 분석해 보자.

롯데엔터테인먼트: 〈시라노; 연애조작단〉

롯데는 1999년 롯데 쇼핑 산하에 시네마 사업본부를 설립하면서 영화 산업에 진출하기 시작했다. 롯데엔터테인먼트는 국내 3대 영화 배급사 중 하나로, 롯데시네마는 전국 293개의 스크린을 보유함으로써 1위인 CGV에 이어서 2위의 자리를 지키고 있다. 또한 홈쇼핑 채널인 우리홈쇼핑을 인수하면서 방송 시장에도 진출하였을 뿐 아니라 롯데닷컴을 내세워서 국내 음악 사이트 1위를 차지하고 있는 벅스를 인수할 의지를 표명하기도 하였다.[9] 이렇게 롯데 그룹은 영화, 방송 그리고 음악, 매니지먼트에 이르는 다양한 영역을 거느린 복합 기업체의 형태로 현재 사업을 재편성하면서 그룹에 속해 있는 기업들 간의 교류와 협업을 적극 추진하고 있다. 롯데엔터테인먼트에서 투자와 배급을 담당했던 영화들의 경우를 보자면 영화의 기획 단계에서부터 계열사들의 주력 상품들에 대한 노출의 기회를 극대화시키는 것을 발견할 수 있다.

〈시라노; 연애조작단〉(2010)은 이에 대한 좋은 사례이다. 연애에 서투른 의뢰인들의 연애를 대신 이뤄 주는 전문 연애 조작단 시라노 에이전시를 중심으로 일어나는 이별과 새로운 사랑을 코믹하게 그린 이 작품에서 시라노 에이전시의 첫 번째 사업은 현곤(송새벽 분)의 의뢰로 시작된다. 현곤이 관심을 가진 여성은 선아(류현경 분)로 극 중 그녀가 일하고 있는 공간은 롯데그룹 산하에 있는 커피숍 '엔제리너스'이다. 시라노 멤버들은 그녀의 사생활이나 관심사를 알아내기 위해서 수시로 이 공간을 드나들고 이후 그들의 각본대로 현곤은 서서히 그녀에게 접근하게 된다. 이렇듯이 이들 커플의 사랑이 시작되는 주요 무대로서 엔제리너스는 약 15분간 지속적으로 노출되고 있다. 한편 이 영화의 개봉 기간 동안 엔제리너스의 매장에서는 〈시라노; 연애조작단〉의 포스터를 붙여 두고 커피를 구입하는 고객들이나 롯데 기업에서 운용하는 포인트를 갖고 있는 고객들을 대상으로 하여 〈시라노; 연애조작단〉의 예매권 등의 상품을 지급하는 행사를 진행했다. 이 프로모션은 롯데 그룹 산하의 계열사들이나 제휴사들과 동시에 진행된 행사이다. 즉 이 행사가 진행된 '롯데멤버스' 홈페이지는 고객들이 값을 지불할 때마다 포인트를 적립해 주고 회원을 관리하는 롯데 그룹 산하의 종합 홈페이지인데, 이를 통해 신작인 〈시라노; 연애조작단〉의 관람 기회를 주는 이벤트를 진행하였던 것이다.

이상에서 살펴본 것처럼 〈시라노; 연애조작단〉은 단지 영화에만 머무는 것이 아니라 롯데가 보유하고 있는 계열 기업들과의 광범위한 타이 인 프로모션을 추진하는 효율적인 매체로서 그 기능을 수행하고 있다.

KNOWLEDGE BOX

지역 홍보 매체로서의 영화

판타지 영화 〈반지의 제왕〉(2001~2003)의 전 세계적인 성공과 동시에 이 영화의 촬영지는 뉴질랜드의 대표적인 관광 명소로 탈바꿈하였다. 영화 세트는 그대로 보존되었고 주인공들의 행보를 따라 여행하는 상품이 적극 개발되었다. 이처럼 영화 촬영지를 관광 명소화하는 사례는 이미 전 세계적으로 보편적인 움직임이라 할 수 있다. 촬영지를 답사하고 영화의 등장 인물이 즐기던 음식을 먹어 보는 등 영화를 테마로 한 여행 상품*tourism*은 세계 곳곳에서 발견할 수 있기 때문이다. 이처럼 영화 산업이 해당 지역의 관광 산업이나 외식, 레저 산업 등과 연결되면서 경제적인 부가 가치를 창출할 수 있다는 인식이 확산되고, 영화 산업에 대한 중앙 정부는 물론이거니와 지방 자치 단체 차원에서의 후원 또한 공공연해지고 있다. 영화가 자신들이 관할하고 있는 행정 구역을 홍보하는 데 좋은 수단임을 인식하고 촬영 장소에 대한 정보 제공과 섭외는 물론이거니와 공공장비와 인력 지원에 이르기까지 기꺼이 협조하기 시작했다. 뿐만 아니라 해당 지역을 무대로 촬영되는 영화에 대한 재정적인 지원마저도 기꺼이 감수했다. 그 결과 이제 영화 산업은 기획 단계에서부터 지방 정부나 자치 단체들과의 협력을 통해서, 전통적으로 민간 소비재 기업의 영역으로 간주하곤 하던 PPL을 공적인 영역으로 확장시키며 이에 따라 이들 공적 기관들과의 연계 또한 더욱 긴밀하게 하고자 했다.

국내의 경우 이러한 움직임은 2000년대 이후 지방 자치 단체들이 행정적인 영향력을 확대하면서 가시화되었다. 1988년 지방 자치법이 전면 개정되면서 1991년 상반기에는 지방의회가 구성되기 시작하였고 1995년도 이후 지방자치단체장의 선거가 실시되면서 명실상부한 지방자치 시대를 맞게 된다. 바로 이 시기를 즈음해서 각 지방 자치 단체들이 자신들의 관할 행정 구역에 대한 물적, 인적 인프라를 구축하고자 하는 열망이 커졌고, 이에 힘입어 각 지역에 영상위원회가 조직되기 시작하였다. 바로 이를 통해서 지방 행정 기관과 영화 산업의 연계가 긴밀하게 조성될 수 있었던 것이다.

1999년 부산을 영상 산업 도시로 육성하고자 하는 취지에서 출발한 부산영상위원회를 필두로 현재는 서울, 전주, 인천, 제주, 경상남도 등을 포함해서 총 11곳의 지역이 각각 영상위원회를 운영하며 영화 제작 유치를 통한 활발한 지역 홍보 활동에 많은 노력을 기울이고 있다. 이제 부산을 중심으로 해서 지방 자치 단체와 영화 산업과의 밀월 관계에 대해서 더욱 구체적으로 살펴보자.

부산과 〈해운대〉(2009)

영화 제작 지원을 통해서 지역 홍보 사업을 전개하고 있는 대표적인 도시로 부산을 꼽을 수 있다. 1996년 제1회 부산국제영화제의 개최를 계기로 부산을 영화의 구심점으로 만들고자 하는 취지가 서서히 지역 시민들의 관심과 호응을 얻게 되면서 1999년 부산영상위원회가 설립되었다. 이후 2001년 부산 영화 촬영 스튜디오, 2002년도에 영상 벤처 센터, 2008년 후반 작업 시설을 설립하면서 부산은 명실상부한 '영화의 도시'로 거듭나기 위한 기반을 구축하기에 이르렀다.

'부산영상위원회'의 주된 업무는 단연코 로케이션 촬영에 대한 적극적인 지원이다. 영상위원회 측에서는 부산 지역의 명소들을 포함하여 지역 곳곳을 촬영하여 이를 로케이션 데이터베이스로 구축해서 홈페이지에 제공하고 있다. 이러한 정보들을 제공함으로써 촬영을 유도할 뿐만 아니라 실제 촬영에 관련된 다양한 지원책도 구비하고 있다. 예컨대, 관공서 및 관계 기관에 대한 인허가 섭외, 도로 통제와 폭파 장면이나 총격 장면에 대한 촬영 허가, 숙식 안내 및 할인 정보 제공을 통해서 제작 단계에서의 지원은 물론, 시사회 및 각종 이벤트에 대한 협조 등 마케팅 단계에 이르기까지 적극적으로 후원하고 있다. 덕분에 부산을 주 무대로 삼았던 〈리베라메〉(2000), 〈친구〉(2001)를 비롯해서 〈해운대〉(2009), 〈아저씨〉(2010), 〈황해〉(2010) 등의 작품들에는 지역 홍보를 위한 치밀한 노력들이 녹아 있다. 이제 〈해운대〉를 통해서 부산이라는 도시의 로케이션 지원 정책과 그로 인한 지역 홍보 효과에 대해 좀 더 구체적으로 살펴보자.

영화 〈해운대〉(2009)는 '해운대에 몰려온 쓰나미'라는 모티브를 토대로 제작된 블록버스터 영화다. 이 영화를 본 관객들은 쓰나미가 몰려오는 해운대 해수욕장, 시끌벅적한 시장, 광안대교, 롯데를 응원하는 부산 사직야구장의 사람들 등 부산을 대표하는 관광지와 생활 공간을 기억할 것이다. 실제 이 영화가 이렇듯이 한적한 공간이 아니라 사람들로 넘쳐나는 공간을 배경으로 촬영할 수 있었던 것은, 바로 촬영에 대한 공공 기관의 아낌없는 지원이 있었기 때문이다. 즉 광안대교나 항만과 같은 공공 장소를 촬영 장소로 섭외할 수 있었을 뿐 아니라 소방·경찰 장비의 협조도 가능했던 것이다. 물론 이렇듯이 제작 지원을 한 것은 이 영화를 통해서 지역 경제의 활성화를 기대했기 때문이다. 실제 부산영상위원회는 위원회의 홈페이지[10]에 '영화 속 부산,' '씨네맵'이라는 구획을 마련해서 이와 같이 부산을 무대로 한 영화의 실제 촬영 장소들을 상세하게 소개한다. 이러한 '부산 영화'들을 계기로 해서 관객들의 관심이 부산이라는 지역에 대한 관광을 포함해서 지역 상품에 대한 소비로 이어지기를 기대했던 것이다. 물론 이러한 기대는 어느 정도 충족되었다. 보도된 바에 따르면, 부산의 지역 브랜드인 시원소주(대선주조)는 영화 〈해운대〉와 공동 마케팅을 진행하여 소주의 매출 점유율이 5% 이상 증가했으며 매출 순위 5위를 기록했다고 한다.[11] 〈해운대〉에서 시원소주가 노출된 부분은 주인공의 횟집, 사직 야구장, 방파제 장면 등으로, 부산의 이미지를 대표하는 바닷가나 야구장, 그리고 주인공들 간의 정서를 더해줄 수 있는 장면 곳곳에서 보이고 있다. 이를 통해 관객들은 부산이 갖고 있는 역동적이고 친근한 이미지를 소주에 비춰 보며 제품의 이미지를 각인시킬 수 있는 것이다. 또한 시원소주는 〈해운대〉의 프리미어 시사회를 후원하여 첫 시사회를 개최하고, 소주의 라벨에 〈해운대〉를 홍보하는 포스터를 삽입하여 판매하는 등 제품과 영화를 동시에 노출하는 판매 전략을 펼쳤다. 이와 더불어 서울을 비롯한 수도권 대형마트에서 판매를 시작, 부산 주변 지역에서만 볼 수 있던 주류가 이른바 전국구 소주가 되었으니, 전국에서 1000만 이상의 관객을 동원했던 〈해운대〉에서의 잦은 노출이 지역 상품의 판매 증가를 돕는 톡톡한 공신 노릇을 한 셈이다.

부산영상위원회 로케이션 전문 검색사이트 홈페이지 화면
(http://location.bfc.or.kr/korean/)

한편, 부산영상위원회는 이와 같은 '부산 영화'의 제작을 활성화하기 위해서 극영화의 기획 및 개발비를 지원하는 등 보다 더 적극적인 행보를 펼치고 있다. 즉 "부산 지역의 영화 제작 및 로케이션 유치 활성화를 위해 한국 장편 극영화의 기획·개발비를 지원함으로써 잠재적인 부산 로케이션 및 촬영물을 개발함과 동시에 영화 기획 개발 인력 및 인프라를 부산에 유치하여 부산 지역 영상 산업 발전에 기여하고자 영화 기획·개발비 지원 사업을 실시"한다고 밝힌 '영화 기획, 개발비 지원 사업'의 취지에서도 알 수 있듯이, 부산영상위원회는 시나리오 개발 단계에서부터 부산을 주요 로케이션 장소로 설정하는 영화 제작을 유도하기 위해서 일정 수준의 금액(장편 극영화인 경우에 기획 개발 비용으로 1500만 원을 지원하고 있다)을 지원해 주고 있다.

물론 이와 같은 적극적인 움직임은 부산만의 사례가 아니다. 영상위원회를 갖춘 지역의 경우 대부분 이와 같은 행보를 보이는데 때론 '지역 단체장'이 직접 영화에 출연하는 등 영화 산업과 지방 자치 단체와의 관계가 긴밀해지면서 '지역 홍보 영화'라는 논란에 휩싸이기도 하였다. 2011년 개봉된 〈달빛 길어 올리기〉가 바로 이러한 사례라고 할 수 있는데, 전주국제영화제 제작국에서 기획한 이 영화는 전통적으로 한지를 생산해 온 전주시와 임권택 감독이 석좌교수로 있는 동서대학교 등에서 20억에 달하는 제작비를 지원했다. 한지의 우수성을 전하려는 공무원과 기자의 여정을 다큐멘터리 식으로 그려내면서 소박한 한국의 미를 드러내고자 하는 기획 의도로 시작한 이 영화는, 결과적으론 지나치게 전주시와 전주 한지의 홍보에 치우쳐 지방 홍보물에 지나지 않았다는 비판을 받기도 했다.

주

1. "영화 PPL 공짜로 하는 기업도 있다," 〈중앙일보〉, 2008. 7. 30.

2. "삼성전자 매트릭스 폰, 노키아보다 낫다?," 〈아이뉴스 24〉, 2003. 3. 7.

3. "초코파이 "고맙다 말아톤"," 〈한국경제신문〉, 2005. 2. 17.

4. 손일권, 《브랜드 아이덴티티, 경영정신》, 2003, pp.450~467; 이혜원, 〈국내 영화 속 제품 배치(PPL) 실태에 관한 연구〉, 중앙대학교 국제경영대학원 석사 학위 논문, 2003, p.15.

5. "영화 '매트릭스'에 삼성 휴대폰?," 〈매일경제〉, 2003. 3. 25.

6. 베니김, 《대박과 쪽박 사이의 영화경제학》, MJ미디어, 2003, p.209.

7. 류수한, 〈영화 PPL의 제품 관여도 및 장르별 비중에 관한 연구〉, 성균관대학교 커뮤니케이션학 석사 학위 논문, 2006, pp.82~83.

8. "'금자씨' 표 두부 케이크, 日서 관심폭발," 〈마이데일리〉, 2005. 10. 28.

9. "롯데그룹 '벅스' 인수 나섰다," 〈문화일보〉, 2007. 3. 13.

10. http://www.bfc.or.kr/2010/kor/

11. "[경제] 〈해운대〉 대박, 시원소주 "캬~ 좋다"," 〈위클리경향〉 843호, 2009. 9. 22.

chapter 5

포스터, 다변화되다

강렬하거나 신선한 시각적 이미지와 감각적인 언어로 무장한 영화 포스터는 이미 포스터의 공개만으로도 화제가 될 만큼, 영화 마케팅에 있어서 중요한 비중을 차지하고 있다.

물론 과거의 포스터 형태는 현재와는 상당히 다르다. 포스터의 역할에 대한 인식, 포스터 제작에 필요한 기술의 발전, 그리고 영화 마케팅 비용의 규모와 범위 등에 따라 포스터의 모습도 변화해 왔기 때문이다. 예컨대 신문에 고지되는 형태의 영화 포스터가 선보일 수 있었던 것은 석판 인쇄 기술이 일정한 수준에 오르는 1930년대 중반 즈음[1]에서부터 가능했다.

이와 같이 기술의 발달이나 산업 내부의 변화에 발맞추어 포스터 제작도 변모해 왔던 만큼, 포스터 제작 문화에 있어서 그 분기점이 되는 시기들을 몇몇으로 나눠볼 수 있다. 그중의 하나로 2000년대를 거론할 수 있다. 이른바 '한류'를 기점으로 해외 시장의 개척에 대한 기대치가 높아지고 '복합 기업'이 주도하는 영화 산업이 규모의 경제를 추구하게 되는 상황에서, 이 시기를 기점으로 마케팅의 비용이 급격하게 늘기 시작했고 이에 상응하여 포스터는 한층 치밀하고도 다양하게 제작되었던 것이다. 이제 영화 포스터가 한국 영화사에서 전면으로 등장했던 1970년부터 최근에 이르기까지 포스터의 변천사[2]를 살펴봄으로써, 과연 2000년대에 접어들면서 포스터 제작 문화에 어떠한 변화가 나타나게 되었는지에 대해서 상세히 살펴보고자 한다. 이를 통해 영화 마케팅 활동의 변화 추이도 알아본다.

1. 포스터 제작 변천사

1970년대와 1980년대: 영화 정보 제공에 주력

과연 1970년대를 대표하는 아이콘이라면 무엇을 거론할 수 있을 것인가? 음악 팬에게 있어 1970년대라면 '통기타'가 시대적인 아이콘으로, 영화 팬에게는 〈별들의 고향〉(1974)이 그 시대를 상징하는 아이콘으로 거론될 수 있을 것이다. 순수했던 한 여자가 호스티스로 전락하며 사랑의 비극적인 결말을 전하는 이 영화는 1970년대의 대표적인 흥행 작품들 중의 하나였다. 이 영화의 포스터를 분석해 봄으로써 과연 1970년대의 포스터는 어떠한 형태를 띠고 있는지에 대해서 먼저 살펴보도록 하겠다.

당시에 포스터를 제작하기 위해 별도의 촬영이 필요하다는 인식은 포스터 제작자들 사이에서 찾아볼 수 없었다. 즉 주연 배우들의 초상화나, 사진, 또는 그들이 등장하는 장면을 그대로 포스터에 사용하는 것으로 시각적인 부분들을 채워나가고 있다. 〈별들의 고향〉 포스터

영화의 주요 장면을 차용해 제작된 〈별들의 고향〉 포스터.

에서는 당대 최고의 인기 배우였던 신성일과 청초한 외모의 안인숙의 초상화를 클로즈업한 후 이 둘을 서로 엇갈리게 배치함으로써 두 주인공의 이루어질 수 없는 사랑을 예고하고 있다. 또한 이처럼 확대된 주인공들의 얼굴 아래에 영화 속 주요 장면들을 배치시켜 전개될 내용을 암시해 준다.

영화의 내용을 설명하는 비교적 장황한 캐치프레이즈들에서도 볼 수 있듯 이 시기에는 많은 양의 정보들을 노출시키기 위해서 노력하였다. 〈별들의 고향〉 포스터의 경우 "100만 여성 관객의 심금을 울린 영화"라는 캐치프레이즈를 내세우는 한편 영화 감독, 음악 감독 등의 정보들을 중앙에 위치시킴으로써 해당 영화에 관해 최대한 많은 정보를 제공하는 것에 주력했다.

1980년대에 와서도 이러한 경향은 크게 바뀌지 않는다. 즉 스타를 중심으로 시각적 이미지를 구성하는 한편 많은 양의 정보 전달에 치우치는 포스터 제작 경향은 크게 변하지는 않았다. 그러나 컬러 포스터를 사용하기 시작했고 주연뿐만 아니라 조연들도 포스터의 전면에 배치시키고 있는 것이 이전과 다른 점이다. 뿐만 아니라 영화 포스터의 디자인이나 문구가 훨씬 과감해졌다는 점도 발견할 수 있는데, 그 주된 이유는 이 시기 영화 제작의 주된 흐름과 관련이 있다. 1980년 국내에서 만들어 낸 칼라 TV가 전국적으로 보급되면서• 은막의 아성을 위협했으며 1986년과 1989년의 한미영화협상을 통해서 해외 영화 시장이 개방되면서 한국 영화 시장의 전망은 갈수록 어두워져만 갔다. 이런 상황이었던 만큼 한국 영화계는 TV와 할리우드 영화에 빼앗긴 관객들을 되찾기 위해 이른바 '에로티시즘 영화'의 제작에 의존하게 되었고 이와 더불어 영화 포스터도 훨씬 자극적으로 변해갔다.

1987년에 제작된 〈연산일기〉의 포스터가 이에 해당되는 사례라고 할 수 있는데, 이 포스터는 주인공인 유인촌의 얼굴을 중심에 크게 배치하고 그의 얼굴 아래에 모든 출연진들의 얼굴들을 보다 작게 나열한 이후 하단에 수많은 여성들의 모습들을 배치하고 있다. 사악하게 웃고

• 국내에서 컬러 TV 생산이 시작된 것은 1970년대였으나, 소비를 조장한다는 이유로 전량 외국에 수출되다가 1980년 처음으로 국내에 소개되었다. 한국의 첫 컬러 방송은 1980년 12월 1일, 수출의 날 기념식 중계로 시작되었다. 고찬수, 〈스마트 TV 혁명〉, 21세기북스, 2011, p.24.

다양한 주조연을 배치하고 전면에 홍보할 내용을 갈게 열거한 〈연산일기〉의 포스터.

있는 연산군의 얼굴 위에는 "이조오백년사를 얼룩지게 했던 여인 잔혹 비사," "구중궁궐 깊은 곳에서 여인에 싸인 낮과 밤"이라고 하는 다소 선정적인 캐치프레이즈들을 포함해서 영화에 관한 정보들을 상당히 세세하게 열거하고 있다.

1990년대: 홍보 마케팅의 주요 수단

그렇다고 한다면 과연 1990년대를 즈음해서는 어떠한 변화가 일어나고 있는가? 1990년대 초반부터 본격적으로 영화계에 유입되기 시작한 대기업 자본과 1990년대 후반부터 본격적으로 흘러 들어온 금융 자본으로 인해 한국의 영화 산업은 급속한 속도로 '산업화'의 과정[3]을 겪기 시작하였다. 과연 이는 영화 포스터 제작 문화에 어떠한 변화를 가져 왔나? '산업화'를 '제작의 시스템화'와 동일한 의미로 이해한다면, 산업화란 개념은 곧 체계적인 생산 기법이 도입되며 관객의 소비 코드를 정확히 짚어 내고 있다는 것을 의미한다. 예컨대, 기획 영화라는 개념이 '산업화'에 대한 좋은 사례라고 할 수 있을 것이다. 즉 1990년대에 이르러서 감독이나 제작자가 임의로 선택한 시나리오를 제작하는 방식이 아니라, 소재의 흥행 가능성을 시장 조사 등을 통해서 조심스럽게 가늠한 후에 배우와 시나리오, 예산 등에 관한 구체적인 밑그림을 제시하는 '기획' 단계를 거쳐서 투자를 받은 후에 영화를 제작하는 개념이 확립되기 시작한 것이다. 즉 삼성이나 대우와 같은 대기업들은 실증적인 시장 분석을 통해 영화를 제작하고 판매할 계획을 수립하는 것을 기획 단계에 있어서의 가장 기본적인 필요조건이라 생각했다. 또한 영화 제작의 합리화와 투명성을 강조하고자 했으며, 이를 통해 영화 제작 문화는 크게 바뀌기 시작하였다. 즉 관객층을 분석한 후 그에 적합한 배우와 시나리오를 구성한다는 발상을 통해서 시장을 세분화할 수 있었다. 우선 소득, 교육 수준, 성별, 가치관이나 여가 시간의 활용 방식이 서로 이질적인 관객 집단을 세분화한 후, 특정한 시장을 목표로 그 시장의 요구를 최대한 충족시킬 수 있는 영화를 기획하고 광고를 포함한 마케팅 전략을 강구함으로써 얻을 수 있는 수익을 극대화시켰다. 예컨대 〈행복은 성적순이 아니잖아요〉(1989)라는 영화는 1년 6개월 동안 500여 명의 고등학생들과 접촉하고 설문 조사를 실시함으로써 그들의 근본적인 고민이 무엇인지 이해한 후 제작되었고, 〈결혼 이야기〉(1992) 역시 수많은 인터뷰와 자료 수집을 통해서 시나리오를 구축하고 보완하는 작업을 수없이 되풀이한 결과 상당한 흥행 성적을 거두었던 것이다.

이 시기에 접어들면서 '기획 영화' 제작에 눈을 뜨는 한편 영화 마케팅에 대한 접근 방법 역시 상당히 체계적이 된다. '올댓시네마All That Cinema'와 같이 영화의 홍보 마케팅을 전문적으로 전담하는 회사들이 설립되기 시작한 것도 바로 1990년대 중반이라고 하는 점이 상징적인 사례라고 할 수 있다. 홍보 마케팅은 상품 개발과 시장성을 극대화하는 작업을 주도하는 행위를 일컫는데, 이와 같이 홍보 마케팅 전문 회사가 이 시기에 설립되었다는 점은 곧 영화 산업에 있어서 홍보 마케팅의 높아진 위상을 실감하게 하는 일대 사건이라고 할 수 있다.[4]

실제 영화 산업에 진출했던 대기업들은 홍보 마케팅에 대한 과감한 투자를 아끼지 않았다. 삼성영상사업단에서 투자하고 강제규 필름에서 제작한 〈쉬리〉(1998)가 좋은 사례이다. 〈쉬리〉의 시나리오가 완성된 후부터 약 1년여 동안 '올댓시네마'는 홍보 마케팅을 책임지게 되었다. 여의도에서의 시가전 촬영 현장을 공개하여 실제 시가전을 방불케하는 박진감 넘치는 촬영 장면과 배우들의 실감나는 액션 연기를 기자들에게 제작 발표회를 통해 선보이기도 했다. 이러한 홍보를 통해 이미 제작 단계에서부터 신문 기사와 방송 화면을 통해 화젯거리를 만들며 영화 개봉에 대한 기대감을 증폭시키는 등 다양한 홍보 활동을 펼쳤다. 덕분에 〈쉬리〉의 흥행 신화에는 이처럼 홍보 마케팅의 역할이 지대하였다는 인식이 산업계 전반을 통해서 확산되며 영화 마케팅 비용의 급상승을 부추기게 되었다. 이처럼 1990년대를 즈음해서 영화 홍보 마케팅의 중요성에 대한 인식이 확산되고 마케팅 비용 또한 급상승하면서 포스터 제작 문화에도 상당히 큰 변화가 일어나게 된다.

포스터의 디자인이나 구성에 있어서 완성도가 상당히 높아졌다는 점도 이 시기에 나타난 주된 변화이다. 이는 전문 사진 작가들이 포스터 제작을 위한 별도의 사진 촬영을 시작한 덕분에 가능해졌다. 보다 감각적이고 인상적인 이미지를 표현하기 위해 '포스터만을 위한 장면'을 구상한 후 이를 전문 사진 작가들이 촬영하며 포스터의 완성도가 높아진 것이다. 사진 작가 김중만, 강영호 등이 대표적인데 이들은 1990년대를 전후하여 영화판에서 이색적이고 전문적인 포스터 사진을 선보이기 시작했다. 강영호 작가가 촬영한 이정재와 심은하 주연의 〈인터뷰〉(1999) 포스터에서는, 머리카락으로 거의 얼굴을 가리거나 또는 옆모습만 보이는 배우들을 수많은 빈 의자가 놓인 배경과 대비시켜 촬영함으로써 포스터에 대한 관객들의 관심을 이끌어 낸 바 있다. 〈인터뷰〉의 포스터는 영화 홍보용으로뿐만 아니라 카페 등의 장식용 포스터 등으로도 인기를 끌 정도로 대중들로부터 많은 사랑을 받으면서 영화계에 포스터 제작의 고품질화, 전문화에 대한 중요성을 인식시키게 되었다. 이처럼 전문적인 촬영과 제작을 통해 포스터의 시각적 요소에 대한 비중을 높이는 한편, 아주 간결하고도 감각적인 카피를 사용해 관객의 호기심을 자극하는 전략을 구사하기 시작한 것도 이 시기 포스터 제작 문화의 특징이라고 할 수 있다.

배급사의 홍보 담당자나 홍보 마케팅 전문 회사의 인력들은 영화의 '셀링 포인트*selling point*'를 설정하고 난 후에 포스터나 신문 광고에 사용할 메인 카피*main copy*와 바디 카피*body copy* 등을 작성해야 한다. 영화의 메인 카피는 이른바 뉴스의 '헤드라인*headline*'과 같다. 즉 메인 카피는 하나의 광고를 집약적으로 표현할 수 있는 가장 중요한 부분으

감성 어린 배경에 배치된 주연 배우, 간결하고 감각적인 문구로 영화의 분위기를 전달하고자 했던 〈편지〉의 포스터.

로 인쇄 광고의 경우 본문의 내용을 압축적으로 표현한 비교적 큰 활자의 짧은 문구로서 제목과도 같은 역할을 한다. 한편 바디 카피는 소비자가 헤드라인을 눈으로 재빠르게 인식한 후 상품에 대한 비교적 구체적인 정보를 얻기 위해 읽는, 이른바 몸통 부분이라 할 수 있다. 그러나 헤드라인을 읽는 사람들이 카피 본문을 읽는 사람들보다 약 5배가 많다는 것에서도 알 수 있듯, 메인 카피의 중요성에 대해서는 논란의 여지가 없다. 영화 포스터의 메인 카피는 관객의 흥미를 유발해서 잠재 고객을 끌어들이며 내용을 상세히 읽지 않는 사람에게도 강렬한 메시지를 전달하는 기능을 해야 한다.[5]

1997년 개봉한 〈편지〉의 포스터에서도 알 수 있듯 이 시기에 접어들면서 간결하고도 감각적인 카피 문구 사용이 보편화된다. '편지'라

광고 카피보다는 음산한 배경에 배우들의 코믹한 표정을 부각시켜 영화의 장르를 전달하고자 한 〈조용한 가족〉의 포스터.

는 영화의 제목과 함께 '한 통의 편지로 이어진 영원한 사랑'이라는 간결한 메인 카피를 비교적 작은 크기로 포스터의 상단에 배치함으로써 이 포스터는 시각적인 메시지 즉 감성적이고 매력적인 이미지가 던져 주는 느낌 자체에 사람들의 시선을 집중할 수 있도록 유도한다.

1998년에 제작된 〈조용한 가족〉 역시 이와 크게 다르지 않다. 음산한 느낌을 던져 주는 검정색을 배경으로 해서 영화에 출연한 배우들이 관객을 응시하면서 조용히 할 것을 지시하는 동작을 취하고 있는 이 포스터는 관객의 궁금증을 자아내는 한편 배우들의 엉뚱한 표정이 '스릴러'와 '코미디'라는 이 영화의 장르적인 특성을 잘 전달해 주고 있다. 메인 카피를 포함해서 영화에 대한 상세한 정보를 전달하는 바디 카피들은 포스터의 하단에 비교적 작은 크기로 배치해서 관객들

〈쉬리〉의 메인 포스터.

의 시선을 간결하면서도 강렬한 사진에 집중시키고 있다.

1990년대에 접어들면서 포스터는 그 기능은 물론 형태에 있어서도 큰 변화를 보여 준다. 특히 과거와 비교해서 두드러진 특징 중 하나는 다변화된 포스터 제작이다. 〈쉬리〉(1998)가 좋은 사례라고 할 수 있는데, 〈쉬리〉는 포스터를 메인 포스터와 티저 포스터*teaser poster* 두 종류로 구분해서 제작했다. 영화의 중심 이미지나 내용을 전달하는 역할을 하는 것이 메인 포스터라고 한다면, 메인 포스터를 내보내기 전에 선을 보임으로써 관객들로 하여금 영화에 대한 궁금증을 불러일으키고 관심을 유도하는 역할을 하는 것이 티저 포스터이다. 〈쉬리〉의 홍보 마케팅 팀은 아무런 사진이나 그림이 없이 단지 '쉬리'라는 글자만을 새긴 티저 포스터를 먼저 선보여 관객들이 '쉬리'라고 하는 다소 생소한 단어에 대해서 궁금증을 갖도록 유도하였다. 이처럼 티저 포스터는 영화의 제목만을 제시한다거나 또는 한 장면만을 간략하게 선보이면서, 관객으로 하여금 이제 개봉될 영화에 대한 호기심을 자극하는 역할을 한다.

2000년대: 진화하는 포스터

1990년대에 이르러서 한국 영화 포스터들은 간결한 레이아웃에 감각적인 그래픽 디자인과 카피 문구를 강조하면서 관객들의 감성을 자극하기 위해 주력했다. 그뿐 아니라 중심이 되는 메인 포스터는 물론, 호기심을 증폭시키는 티저 포스터에 이르기까지 포스터 제작이 다변화되었다. 2000년대에 들어서면서 발생한 영화 산업의 구조적인 변화로 인해서 포스터 제작에 있어서의 다변화 경향은 보다 더 확장되었다. CJ엔터테인먼트나 롯데엔터테인먼트의 약진에서도 알 수 있듯이 2000년대에 접어들면서 대기업의 영상 산업 진출과 함께 스크린 수가 기하급수적으로 늘어나게 되었고 개봉 첫 주까지 가능한 많은 수의 극장을 확보해서 전국 주요 도시에서 일제히 상영하는 광역 개봉*wide release* 방식이 도입되었다. 이 경우 만약 CJ와 같은 대기업이 배급을 맡은 경우에는 이들이 멀티플렉스 체인도 보유하고 있는 만큼 상영관과의 연계가 쉽다는 장점이 있다. 2011년 개봉작의 경우를 예로 들면 8월에 개봉한 〈7광구〉의 경우 CJ에서 배급을 담당해서 전국 1624개 관에서 광역 개봉을 했고 이와 한 주 차를 두고 개봉한 〈최종병기 활〉은 롯데엔터테인먼트에서 배급을 담당하였는데 총 1230개 관에서 개봉되었다.[6] 따라서 이러한 대기업들에 의해 배급되지 않은 다른 영화들은 흥행 시기인 8월임에도 불구하고 나머지 총 1974개 스크린을 나눌 수밖에 없는 상황에 처했던 것이다. 이처럼 광역 개봉으로 인해 개봉 영화들의 상영 기간이 점차 짧아지고, 수많은 영화들이 경쟁하는 틈바구니 속에서 살아남기 위해서 마케팅 비용은 점점 늘고 있다. 아래에 인용한 표 4에서 알 수 있듯이 최근 10여 년간 마케팅 비용은 총제작비의 평균 30% 정도를 차지하기에 이르렀다.

한편 이 시기에 이르러서는 드라마 시장을 중심으로 '한류'가 가시화되면서 시장에 대한 개념이 확장되었다. 특히 외형적 성장세에도 불구하고 2006년 이후 한국 영화 산업의 투자 수익률이 상대적으로 악화되고 있다는 상황에 직면하여, 이를 타개하기 위한 방편으로 부가 시장을 활성화시키는 한편 해외 시장의 적극적인 개척의 필요성이 화

표 4. 2001~2011년 마케팅 총제작비[7]

구분	순제작비(A)		마케팅비(P&A) (B)		총제작비 (A+B)
	평균 순제작비 (억 원)	비중	평균 마케팅비 (억 원)	비중	평균 총제작비 (억 원)
2001	16.2	63.5%	9.3	36.5%	25.5
2002	24.5	65.9%	12.7	34.1%	37.2
2003	28.4	68.3%	13.2	31.7%	41.6
2004	28.0	67.3%	13.6	32.7%	41.6
2005	27.3	68.4%	12.6	31.6%	39.9
2006	25.8	64.2%	14.4	35.8%	40.2
2007	25.5	68.5%	11.7	31.5%	37.2
2008	20.7	68.8%	9.4	31.2%	30.1
2009	15.6	67.5%	7.5	32.5%	23.1
2010	14.2	65.7%	7.4	34.3%	21.6
2011	15.5	68.3%	7.2	31.7%	22.7

두로 떠오르게 되었다. 비록 '우선 영화를 잘 만들고 해외에서 돈을 버는 건 보너스'라고 보는 시각도 분명 있지만, 총 제작비가 100억 원에 이르는 영화를 제작하려면 국내 시장의 자본력과 수익을 믿는 것만으로는 한계가 있다는 인식은 충분히 공유되고 있다. 이러한 인식을 바탕으로 대규모의 작품을 위주로 한 한·중·일 공동 제작 등이 추진되었던 것이다.

이상에서 간략하게나마 살펴보았듯이 광역 개봉이 일반화된 상황에서 개봉 초반의 흥행 성적의 중요성이 강조되고, 내수는 물론이거니와 수출 시장의 존재를 인식하게 되면서 광고 홍보 전략은 더욱 세분화되고 치밀하게 전개되었다. 그 결과 포스터 역시 더 많은 관객들의 흥미를 불러일으키기 위해, 성별이나 연령대는 물론, 국가별로 더욱 세분화된 관객층을 사로잡기 위한 창의적인 방법들을 동원하게 되었다. 즉 포스터 제작에 있어서의 다변화 경향이 더욱 확대되었다는 점이 이 시기에 나타난 주요 특징의 하나이다.

메인 포스터와 티저 포스터, 두 가지 형식으로 구별해서 제작하는 것에서 탈피하여 이제는 티저 포스터만 보더라도 2개에서 3개의 버전으로 제작하는 것이 보편화되었다. 이들 다변화된 티저 포스터는 각기 시간 차를 두고 차례차례 공개하면서 관객의 지속적인 관심을 촉구한다. 또한 홍보 대행사들은 포스터에 대한 관객들의 반응을 살피고 이에 따라 홍보 전략을 수정해 가며 더욱 효율적인 마케팅 전략을 구사해 나가고 있다.

한편 각각의 등장 인물들을 여러 장의 포스터에 담는 '캐릭터 포스터'의 등장 역시 이 시기에 나타나기 시작하였다. 각각의 캐릭터를 위해 차별화된 상황을 설정하고 그에 따른 카피 문구를 고안해 냄으로써 그 캐릭터의 감정을 관객들에게 효과적으로 전달하고자 하는 것이다. 스타 배우들이 출연한다는 사실 자체만으로도 화제를 모았던 2010년 작품 〈초능력자〉의 경우에는 "평범하게 살고 싶었다"는 카피를 사용한 강동원의 포스터, 그리고 "괴물 같은 놈을 만났다"는 고수의 포스터가 촬영되는 현장을 다양한 매체를 통해 노출시켰다. 이를 통해 스타들의 팬들을 통해 입소문을 증폭시키면서 영화에 대한 기대감을 한껏 부풀릴 수 있었다.

포스터 다변화라고 하는 맥락에서 간과할 수 없는 사실은, 국내용과 수출용 포스터라는 식으로 각각의 시장이 소구하는 관객에 따라 차별화된 포스터들을 제작하고 있다는 점이다. 박찬욱과 봉준호 등의 감독이 해외 영화제에서 연달아 수상하며, 한국 영화는 해외에서도 인정받는 계기를 마련하고 있다. 더불어 이병헌, 장동건, 원빈, 송승헌 등 한류 열풍을 주도하는 배우들의 선전으로 이제 아시아권에서도 한국 영화의 소비와 수출이 늘어나는 추세다. 이에 따라 일본, 중국 또는 유럽 등 개별 영화 시장의 소비자들의 문화적인 감수성과 욕구를 파악하고 이를 영화 홍보 마케팅 전략에 반영하고자 하는 취지에서, 영화 제목을 포함한 카피 문구와 그래픽 디자인 등을 달리하는 포스터들을 제작하고 있다.

2. 포스터 다변화 사례

광역 개봉이 정착되고 내수 시장뿐 아니라 수출 시장의 호조에 대한 기대감으로 인해 마케팅 비용이 급상승하면서 2000년대를 기점으로 포스터 제작의 다변화는 보편적인 현상으로 정착되었다. 이제 영화 〈괴물〉(2006)의 포스터들을 통해서 제작 다변화 현상에 대해서 더욱 상세하게 살펴보도록 하자.

우리에게는 친숙한 공간이라고 할 수 있는 한강에 어느 날 갑자기 괴물이 출몰한다는 설정을 통해서, 미군이 유발했던 환경 오염 이슈를 정면으로 다루었던 영화 〈괴물〉은 제작 단계에서부터 이미 상당한 기대를 모았던 작품이다. 〈살인의 추억〉으로 국내 관객을 매료시켰던 봉준호 감독의 차기 작품이라는 점, '한강에 괴물이 출몰'한다고 하는 발상 자체에 대한 기대, 호주에서 CG 작업을 통해 완성시킨다는 괴물의 형상에 대한 호기심 등이 이 작품에 대한 기대감을 한층 고조시켰던 것이다. 그런데 이 영화는 이러한 기본적인 정보만을 제공한 채 그 외의 구체적인 진행 상황 등에 대해서는 철저한 '비밀주의'의 원칙을 고수하며 개봉 직전에 이르기까지 궁금증을 증폭시켰다. 이와 같은 마케팅 전략은 포스터 제작과 공개 과정에도 고스란히 잘 녹아 있다.

〈괴물〉의 티저 포스터는 1차와 2차로 나뉘어서 공개됐는데, 1차 티저 포스터에서는 괴물의 형체를 전혀 나타내지 않았다. 그 대신에 검푸르게 넘실대는 물결을 배경으로 해서 "한강에 괴물이 나타났다"라는 카피를 통해 알 수 없는 공포감을 전달한다. 이처럼 정체를 알 수 없는 괴물의 출현에 대한 긴장감은 2차 티저 포스터에서도 강조되고

〈괴물〉의 1, 2차 티저 포스터.

있는데, 이번에는 괴물의 신체 일부분인 꼬리만이 공개되었다. 괴물의 꼬리에 감긴 어린 여학생이 "아빠! 살려줘!"라고 외치는 극중 장면을 보여 줌으로써 이 영화의 핵심 사건을 노출시키고 있다. 한강이라는 익숙하고도 가까운 생활 공간을 배경으로 거대한 괴물의 꼬리에 감긴 소녀의 모습은 이 영화의 극적인 긴장감을 유지하는 동시에 괴물의 형상에 대한 관객의 호기심을 배가시키고 있는 것이다.

한편 극장 개봉 직전에 공개된 메인 포스터에서도 괴물의 형상은 베일에 가려져 있다. 티저 포스터에서 괴물이라는 존재가 던져 주는 긴장감이 강조되었던 반면 이제는 이 영화의 주요 등장 인물들에 그 초점이 옮겨지고 있음을 알 수 있다. 음산한 느낌의 안개가 자욱한 한

개봉 직전 최종 공개된 〈괴물〉의 메인 포스터.

강을 배경으로 비장한 표정의 주연 배우들의 모습이 전면에 배치된 상황에서, “가족의 사투가 시작된다”라는 카피 문구는 이 영화의 지향점이 단순히 괴물과 인간의 대립이 아니라 괴물에 의해 납치된 소녀를 되찾기 위한 가족의 눈물겨운 사투임을 강조했다.

이처럼 메인 포스터에서 강조된 ‘가족애’는 연이어 공개된 캐릭터 포스터들에서 더욱 뚜렷해지고 있다. 연기파 배우로 평가받고 있는 송강호, 박해일, 변희봉, 배두나 네 명의 연기자들을 대상으로 각각의 극중 캐릭터를 상징하는 포스터들이 제작되었는데, 맨몸으로, 또는 화염병이나 활을 든 모습을 통해 괴물에 대항하는 가족들의 역할을 세심하게 제시하면서 이 영화에서 다뤄질 내용에 대한 기대감을 불러일으키고 있다.[8]

〈괴물〉의 주연 배우 4명의 캐릭터를 형상화한 캐릭터 포스터.

〈괴물〉의 일본판, 북미판 포스터로, 수출국의 특성에 맞춰 강조하고자 하는 영화의 장면을 차용했다.

〈괴물〉은 최단 기간에 1000만 관객을 동원하는 진기록을 세우며 전국 관객 1300여만 명, 3365개의 스크린에서 상영되는[9] 기염을 토했다. 이러한 흥행 여세를 타고 중국과 일본을 포함해서 미국과 유럽에도 수출되는 성과를 거두었는데 현지 관객에게 소구하기 위해 〈괴물〉은 역시 각기 차별화된 포스터를 제작하는 치밀한 마케팅 전략을 구사하였다. 예컨대 미국이나 영국 등에서는 한강이라고 하는 특정한 배경이나 주연 배우들의 스타 파워 등이 마케팅 요소로는 전혀 작용할 수 없다고 판단하고, 괴수 영화*monster movie*라는 장르적인 특성을 전면에 내세움으로써 이러한 장르를 선호하는 관객의 시선을 끌고자 했다. 〈호스트*Host*〉, 즉 기생 동식물의 '숙주'라고 하는 제목은 괴물의 탄생 배경을 암시하고 있는데, 이렇게 제목을 바꾸는 동시에 메인 포스터에 긴 꼬리를 휘감으며 소녀를 납치하고 있는 괴물의 모습을 중심에 내세움으로써 특수 효과, 물량 공세, 스펙터클 등으로 집약될 수 있는 괴수 영화로서의 장르적 특성을 강조하고 있다. 일본 관객을 겨냥한 포스터 역시 이와 같이 괴수의 등장을 강조하고 있다는 점에서 큰 차이는 없지만, 겁에 질려 도망가는 소녀의 모습에 "아빠 살려줘!"라는 문구를 삽입함으로써 부성애를 그려내는 작품이라는 점을 부각시키고 있다.

주

1. 장순석, 〈시대적 흐름에 따른 한국 영화 포스터 디자인의 표현에 관한 연구–1950~2001. 4까지의 포스터를 중심으로〉, 동덕여자대학교 디자인학과 석사 학위 논문, 2001, pp.9~10.

2. "영화의 얼굴이 달라졌다, 충무로, 시대별 포스터 변천사," 〈스포츠서울〉, 2010. 11. 10; 이서영, 〈한국 영화 포스터의 레이아웃 디자인과 시대별 특성(1950~2006)〉, 한양대학교 디자인학과 석사 학위 논문, 2007.

3. 한국의 영화가 1980년대 후반을 기점으로 하여 서서히 산업화되고 있는 과정은 다음의 보고서에서 깊이 있게 다루고 있다. 황동미 외, 〈한국 영화 산업 구조 분석〉, 영화진흥위원회, 2001.

4. 채윤희, 《영화 프로듀싱과 홍보 마케팅 입문》, 소도, 2001, pp.105~108.

5. 최호규, 《광고와 카피》, 신정, 2009, pp.193~202.

6. 영화진흥위원회, 〈2011년 한국 영화 산업 결산〉, 2011, pp.49~53.

7. Op.cit. p.38.

8. 영화 〈괴물〉 네이버 공식 카페.

http://cafe.naver.com/ehdtlwlq.cafe?iframe_url=/ArticleRead.nhn%3F

9. 영화진흥위원회, 〈2006년 한국 영화 산업 결산〉, 2006.

chapter 6

소셜 미디어, 마케팅의 지평을 확장하다

1. 매체 발달과 영화 마케팅 방식의 변화

마케팅 활동이란 생산자가 상품 또는 서비스를 소비자에게 유통시키는 것과 관련된 모든 체계적인 경영 활동을 일컫는다. 오늘날 한국 영화계는 영화 기획 단계에서부터 각종 광고 홍보 활동을 다각화함으로써 마케팅 활동을 활발하게 전개시키고 있다. 물론 영화 마케팅 활동은 매체의 발달과 함께 끊임없이 변화해 왔다. 매체란 메시지를 전달하기 위한 수단이나 방식뿐만이 아니라 문자나 영상을 매개하는 기술이나 도구도 의미하는데, 매체의 발달은 영화 마케팅 방식의 변화에 지대한 영향을 끼쳐 왔다. 한국의 경우 최초로 영화 마케팅에 활용된 매체는 신문이다. 영화 역사를 연구하는 학자들은 1903년 6월 23일 〈황성신문〉에 실린 광고가 그 효시라고 주장하고 있다.[1] 이 광고는, "동대문 안의 전기 회사가 기계창에서 보여 줄 활동사진은 일요일 및 우천시를 제외, 매일 낮 8시부터 10시까지 공개되며 대한 및 구미 각국의 도시, 극장의 절승한 광경이 일품"이라는 문구로 신문 구독자들의 홍미를 끌고 있다. 당시 입장료로 동화 10전을 내면 활동사진을 관람할 수 있었다.

신문이 영화 마케팅의 주된 매체로 활용된 지도 1세기가 경과된 지금 영화 마케팅을 위해 가장 각광받는 매체라고 한다면 무엇을 거론할 수 있을까? 단연코 인터넷을 먼저 꼽을 수 있다. 2000년 하나로통신과 KT의 주도 아래 초고속 인터넷이 전국적으로 보급되면서 300만여 명에 달했던 인터넷 사용자의 수는 1900만여 명으로 급속도로 늘어났다.[2] 이와 동시에 영화 정보를 얻기 위한 주요 수단으로 인터넷에 의존하는 사람들도 기하급수적으로 늘어났다. 이 시기를 즈음하여 영화진흥위원회에서 제공한 관객 행동 보고서[3]에 따르면 관객들은 영화 정보를 얻는 창구로 TV(33.8%)와 인터넷(22.8%)을 주로 꼽고 있는 것을 알 수 있는데, 이로 인해 인터넷이 영화 마케팅의 주된 매체로서 각광받기 시작하고 새로운 광고 홍보 방식들이 도입되기 시작하였다. 웹사이트나 포털 배너 등이 영화를 알리는 장으로 새롭게 등장하고 인터넷 공간에서 입소문의 전달 속도와 범위가 가히 가공할 정도라는 점을 이용해서 버즈 마케팅*buzz marketing*이 영화 마케팅의 대표적인 수단으로 활용되기 시작한다.

2001년 개봉한 영화 〈엽기적인 그녀〉가 바로 이 시기의 대표적인 온라인 마케팅 성공 사례의 하나였다. 이 영화는 PC 통신 시절에 선풍적인 인기를 끌었던 "견우74"의 글을 토대로 했기에 이미 네티즌들 사이에서는 원작의 영화화에 대한 기대감이 높았다. 따라서 〈엽기적인 그녀〉는 마케팅 홍보 전략으로 다른 무엇보다도 온라인 홈페이지에 주력하였다. 극중 남녀 주인공이 처음으로 만난 공간인 지하철에서 제작 발표회를 여는 등 재기발랄한 오프라인 마케팅을 진행하는 한편 홈페이지를 게임장처럼 꾸며 젊은 네티즌들의 흥미를 유도하고자 하였던 것이다.

인터넷이 보급된 지 10여 년이 지난 오늘날 영화계에는 인터넷이 '뉴 미디어'의 대명사던 시절도 점차 지나가고 있다. 이에 '뉴-뉴 미디어'를 활용한 새로운 마케팅 전략을 구상하기에 열을 올리고 있다. 비록 2010년도의 관객들은 영화 정보를 얻는 창구로 압도적으로 인터넷을 선택•하고 있지만 간과할 수 없는 사실은 HDTV, CATV, 위성방송에서부터 DMB, VOD, IPTV와 같이 디지털 시대에 연이어 등장한 다매체들에도 관객들의 의존도가 높아지고 있다는 점이다. 또한 다양한 종류의 디지털 기기들과 스마트 폰의 대대적인 보급으로 인해 트위터나 페이스북 또한 일상의 일부로 자리 잡게 되는 등[4] '뉴-뉴 미디어'를 수용하는 관객층이 늘고 있어 영화 마케팅 전략 또한 수정되고 있다. 특히 영화 마케팅의 패러다임을 전면적으로 변모시킨다고 할 정도로 영향력을 행사하는 매체는 단연코 '소셜 미디어*social media*'이다. 어제 관람했던 영화가 인상 깊어 주연 배우의 트위터에 글을 남기고 '팔로잉' 신청을 했더니 10분 후 그가 내게 직접 '답글'을 남겨 주었다는 일화가 비일비재하듯, 이제 소셜 미디어의 등장으로 관객은 영화 제작

• 2010년 영진위의 〈영화 소비자 조사 보고서〉에 따르면 '영화 선정 시 주 참고 정보원 및 획득 경로'는 인터넷(56.1%), TV(15.2%), 주변인(13.3%), 극장 예고편(5.6%), 영화 포스터, 전단지(3.6%), 신문(1.4%), 잡지(1.0%) 순이었다.

에 참여한 배우나 스태프, 감독의 개인 미디어에 접속해서 그들과 일상적인 대화를 나눌 수 있게 되었다. 만약 배우가 '답글'을 남겼다는 사실 자체에서 즐거움이나 감동을 느낀 관객이라면 자신을 '팔로잉'하는 수많은 '팔로워'들에게 그 배우가 출연한 영화의 장점을 피력하고 관람을 권유할 확률 또한 높아질 수 있는 것이다. 이처럼 '뉴-뉴 미디어'라 할 수 있는 소셜 미디어를 통해서 관객들이 출연진이나 연출진과 직접 소통하고 정서적인 교감을 나눌 수 있는 기회를 추구하고 있고 이러한 행태가 급격하게 확산되면서 소셜 미디어는 매력적인 마케팅 수단으로 영화 산업 관계자들의 주목을 끌게 되었다.

이상에서 살펴보았듯이 영화 마케팅은 매체의 발달사와 긴밀한 관련을 맺고 있다. 이제 한국의 영화계가 '뉴 미디어'로 간주되었던 인터넷에서부터 '뉴-뉴 미디어'로 새롭게 부상하고 있는 소셜 미디어에 이르기까지의 디지털 매체를 마케팅 수단으로 어떻게 활용하고 있는지에 대해서 상세하게 설명하고자 한다.

2. 인터넷을 활용한 영화 마케팅

배너와 공식 홈페이지

'네이버'나 '다음'과 같은 국내 주요 포털 사이트들의 첫 화면을 클릭하는 순간 영화의 트레일러 영상이 눈앞에 펼쳐지는 것을 네티즌이라면 누구나 한번쯤 경험해 봤을 것이다. 이처럼 새로운 영화의 개봉을 앞두고서 '배너'를 통해 영화 홍보를 시작하는 것은 이제 보편적 관행이다. 공식 홈페이지의 개설 또한 일반화되고 있다. 영화의 '공식' 홈페이지는 대부분 두 가지 형태로 나누어 볼 수 있는데, 첫째, 영화의 제작이나 배급을 담당했던 회사가 자사의 홈페이지에 개봉 영화의 게시판을 개설하여 네티즌들로 하여금 개봉 영화에 관한 응원의 글이나 의견 등을 올릴 수 있도록 하는 방법이 있다. 둘째, 영화의 홈페이지를 전문적으로 관리하고 운영하는 전문 업체 등에 위탁하여 개봉 영화에 관한 세부적인 정보를 제공하는 홈페이지를 개설해서 이를 통해 관객과 소통하는 방법도 있다. 이처럼 전문적인 업체에 의해서 관리되는 홈페이지에는 등장하는 배우와 시나리오에 대한 소개에서부터, 제작 의도 및 제작 과정에 대한 설명 등 다채로운 정보를 제공하고 있을 뿐 아니라 퀴즈나 이벤트를 비롯한 다양한 오락거리 등을 마련하여 관객들에게 영화 이상의 흥밋거리를 최대한 제공하는 것에 목적을 두고 있다. 인터넷을 통한 영화 홍보의 비중이 더욱 높아지면서 더 눈에 띄는 홈페이지를 만들기 위해 전문 업체들 간에 치열한 경쟁을 벌이고 있는 상황이지만, 대부분 이와 같은 공식 홈페이지들은 극장 개봉이 지속되는 기간 동안에만 한시적으로 운영되고 있다.

이와 같이 인터넷을 활용한 영화 마케팅 활동은 일반적으로 배너와 공식 홈페이지 등을 위주로 이루어지고 있는데, 영화에 관한 인지도를 높이는 데 지대한 역할을 하고 있다. 예컨대 특정 영화의 인터넷 광고에 노출된 그룹은 그렇지 않은 그룹에 비해 평균적으로 1.5배 정도 영화에 대한 기억을 더 잘 하는 것으로 나타났다. 더욱이 초기 인지도가 낮은 영화일수록 인터넷 노출 이후 최대 10배 이상의 인지도 상승률을 보였다는 사실이 인터넷 광고의 파급력을 입증한다.[5]

이처럼 인터넷을 통한 영화 광고 시장의 규모는 나날이 확대되고 있다. 2009년의 경우 1월부터 12월까지 360여 편의 영화가 개봉한 가운데 184편의 영화(국내 51편)가 온라인 광고를 진행했는데, 인터넷 광고비의 집계는 총 290억 원으로서 1편당 평균 집행 금액은 1억 5700만 원에 달했다.[6]

인터넷 커뮤니티 마케팅

기업에서 운영하는 홈페이지나 일반인에 의해 운영되는 커뮤니티를 포함해서 온라인을 통해 많은 사람들이 모이는 공간을 중심으로 영화 마케팅을 진행하는 것을 '커뮤니티 마케팅'이라 한다. 최근엔 포털 사이트의 블로그나 카페 등이 이러한 형식의 커뮤니티들 중에서도 가장 각광받고 있다.

제작사나 배급사의 홍보 부서나 홍보 전문 회사의 입장에서 보자면 포털 블로그는 개설과 보수, 유지와 폐지가 모두 쉬울 뿐 아니라 무료인 만큼 공식 홈페이지를 제작하고 운영하는 것에 비해 경비를 크게 절감할 수 있다는 장점이 있다. 또한 블로그나 카페는 포털 사이트의 검색과 스크랩 기능 등을 손쉽게 활용할 수 있어서 영화에 대한 정보를 쉽게 전파할 수 있다. 또한 관객의 반응을 감지하기에도 상당히 탁월한 공간이다. 수많은 사람들이 오고가며 자신의 생각을 실시간으로 남길 수 있을 뿐 아니라 자료의 업데이트도 쉽기 때문에 마케터는 그만큼 재빨리 관객의 반응에 응답하고 대응 전략을 수립할 수 있는 것이다.

이러한 장점들 때문에 출연한 배우나 감독을 포함한 제작 스태프가 사적으로 블로그나 미니홈피를 운영하면서 일촌을 맺거나 온라인 상에서 대화를 나누는 등, 잠재적 관객들과 소통하고 이를 통해 궁극적으로는 영화를 홍보하는 장으로 활용하는 경우도 비일비재하다. 배우 손예진은 〈내 머리 속의 지우개〉(2004)의 개봉에 앞서 자신의 블로그(http://blog.naver.com/yezinii.do, 현재 폐쇄)에 영화 촬영장이나 인상적인 장면의 스틸 컷을 일기 형식으로 올림으로써 사람들의 이목을 끌기도 했다. 그녀의 블로그는 개설한 지 한 달여 만에 방문자만 2만여 명을 넘어섰고, 이들은 자신들의 블로그에 그녀의 글을 스크랩하면서 자발적인 홍보요원으로 나서게 되었다.

현재 영화계는 사람들이 많이 모이는 블로그를 운영하는 "파워 블로거"* 관리에 상당한 노력을 기울이고 있다. 인터넷 사용자가 파워 블로그의 영향으로 제품이나 서비스를 구매한 경험이 많은 만큼,** 영화 마케팅 전략으로서 파워 블로그를 매개한 입소문 전략을 적극적으로 이용하고자 이들을 제작 발표회장이나 시사회에 초대하여 긴밀한 관계를 유지하려고 하는 것이다.

---

* 포털 사이트에서는 이러한 블로그를 운영하는 중이용자*heavy user*를 "파워 블로거"로 임명한다. 신문에 칼럼 논객이 있는 것처럼, 이들은 수많은 블로그 이용자 중 믿을 만하고 폭넓은 정보를 제시하는 사이버상의 오피니언 리더 역할을 한다.

** 2008년 DMC 미디어가 전국 인터넷 사용자 1650명을 대상으로 블로그 마케팅 경험률과 인식에 대해 조사한 결과, 응답자의 48.5%가 파워 블로그의 영향으로 상품을 구매한 경험이 있다고 답했다.

2008년 강력한 홍행 배우도 없이 무려 830만 관객을 동원한 〈과속스캔들〉이 바로 이 점을 적극적으로 활용한 영화이다. 개봉 전에 파워 블로거를 대상으로 한 시사회를 열었는데,[7] 미혼모라는 다소 민감한 소재를 가지고도 잔잔한 감동을 끌어낸 영화라는 네티즌들의 평가가 이어지면서 많은 관객들에게 사랑받을 수 있었다. 1200만 명에 달하는 관객을 동원한 〈왕의 남자〉(2005) 역시 비슷한 사례라 할 수 있다. 개봉 당시에는 역사극을 소재로 했을 뿐 아니라 동성애라는 민감한 소재를 다루고 있으며 굳이 내세울 만한 홍행 배우조차 없어서 마땅한 판매 포인트가 없는 영화라는 우려가 팽배하였다. 그러나 당시 신인이었던 배우 '이준기'의 팬 카페 회원들을 초청해서 영화 제작 과정을 미리 공개했고, 이들을 시사회에 초청하기도 하였다. 또한 이준기 역시 개인 미니홈피를 적극적으로 활용해서 관객과의 친화를 도모하면서 이들 충성도가 높은 팬 커뮤니티를 통해 퍼져나간 입소문이 결국에는 당시 최고의 홍행 기록을 세우기에 이르렀다.

3. 소셜 미디어 마케팅

영화진흥위원회에서는 2011년 5월부터 한 달간 "영화의 미래, 영화의 경계"라는 포럼을 진행했다. 이 포럼에서 강승구 교수는 더욱 새로운 미디어의 출현과 그에 따른 관객들의 능동적인 변화를 "2010년을 기점으로 영화는 관객들의 입과 사이버상에서만 회자되는 것이 아니라, 트위터 같은 마이크로 블로그상에서 회자되기 시작했다"[8]라고 짚어내며 만약 영화 관계자들이 이 흐름을 포착하지 못하면 미래 예측 또한 어려우리라 전망했다. "인터넷을 통한 입소문 마케팅은 트위터의 140자를 통한 손소문 마케팅으로 변화"하는 과정에 있다는 그의 표현대로 이제 스마트폰이 대대적으로 보급되면서 짧은 대화와 채팅이 가능한 트위터, 페이스북 등의 소셜 미디어의 득세에 발맞춰 새로운 영화 마케팅 전략이 출현하고 있다.

한국 전쟁 당시 미군이 양민을 학살했던 '노근리 사건'을 다뤘던 〈작은 연못〉(2010)이 바로 이러한 흐름을 잘 보여 주는 사례라고 할 수 있다. 정치적으로 민감한 사안으로서 사회적인 의미가 크다는 취지에서 많은 영화인들이 노 개런티로 출연을 결정했으며, 페이스북이나 트위터를 통해 이 영화의 취지에 호응하는 사람들로부터 일정한 금액을 후원받는 방식의 크라우드 펀딩*crowd funding*으로 제작비를 충당했던 이 영화는 트위터(http://twitter.com/alittlepond) 사용자들을 대상으로 오프라인 시사회를 개최하였다. 〈작은 연못〉의 트윗을 공유하던 사용자들이 영화에 대한 공감대를 자연스레 형성하자, 영화사에서는 무선 인터넷이 설치된 영화관에서 시사회를 열고 트위터 사용자들을 초청했다. 관객들은 노트북과 스마트폰 등으로 촬영한 화면을 트위터에 업로드해서 다른 이용자들과 공유하고, 아울러 시사회 후에 감독과 배우들이 함께 한 '관객과의 대화'도 실시간 감상평과 함께 트위터에 업로드하였다.[9] 이를 통해 시사회에 참석하지 못한 이용자들도 마치 '현장에 있는 것'처럼 느낄 수 있었고 영화에 대한 관심 또한 불러일으킬 수 있었다. 2010년 개봉한 〈경계도시 2〉, 〈할 수 있는 자가 구하라〉와 같은 다큐멘터리나 중편 작품들도 트위터를 위주로 관객과의 소통을 통해 영화에 대한 호응을 불러일으키고자 노력하였다.

이와 같이 비교적 저예산 작품들에 활용되었던 뉴-뉴 미디어 마케팅 방식은 충무로에서도 다양하게 적용되고 있다. 〈내 깡패 같은 애인〉(2010)은 제작 발표회를 트위터로 생중계하기도 했는데 특히 이 작품에 출연한 박중훈의 경우엔 자신의 팔로워들을 제작 발표회에 초대함으로써 그들과 더욱 긴밀한 관계를 유지할 수 있었다.

한편 감독들의 트위터 활동 역시 쉽게 발견할 수 있는데 〈부당거래〉(2010)의 류승완 감독, 〈로맨틱 헤븐〉(2011)의 장진 감독 등이 다른 누구보다도 활발히 트위터 활동을 하며 잠재적 관객과의 만남에 앞장서고 있다. 스마트폰 실행할 수 있도록 만든 전용 프로그램인 어플리케이션의 수요가 늘어나면서 이를 영화 마케팅에 접목시키는 사례도 생겼다. 예컨대 2010년 개봉한 〈초능력자〉는 앱스토어와 안드로이드 마켓에서 무료로 어플리케이션을 제공하면서 영화 홍보에 주력하였다.

주

1. 김진기, 《문학으로 사회 읽기》, 2003, p.256.

2. "초고속 인터넷과 이동 통신 "황금알"," 〈머니투데이〉, 2004. 9. 9.

3. 영화진흥위원회, 〈2003년 영화 관객의 영화 관람 행동 조사 결과 보고서〉, 2004.

4. 양윤직, 〈미디어 환경 변화와 국내 광고 매체 기획의 과제〉, 2005.

(http://walter.blog.me/140019011230)

5. 디지털 미디어렙인 나스미디어(www.nasmedia.co.kr)에서 2010년 1~4월 사이 네티즌 6128명을 대상으로, 17개 영화에 대한 인지도를 연구해 발표한 결과.

6. "[Market Study] 2009 온라인 영화 광고시장 분석," 〈나스미디어 정기 뉴스레터〉 182호.

7. "소비자 지갑 여는 파워 블로거," 〈파이낸셜 뉴스〉, 2009. 5. 23.

8. 강승구, 〈영화 관객들의 능동적 변화에 대한 미래 예측의 소고〉, 영화산업미래포럼 발제문, 2011.

9. "'작은 연못,' 기획부터 트위터 시사까지……. 최초 행진," 〈스타뉴스〉, 2010. 4. 3.

참고 문헌

강승구 (2011). 〈영화관객들의 능동적 변화에 대한 미래예측의 소고〉. 영화산업미래포럼 발제문.

고찬수 (2011). 《스마트 TV 혁명》. 21세기북스.

김미현 (2008). "전지구화의 대중 문화: 한류 담론과 한국 영화 산업의 동아시아 진출," 〈영화연구〉, 37.

김수남 (1997). 《한국영화의 쟁점과 사유》. 문예마당.

김진기 (2003). 《문학으로 사회읽기》. 박이정.

김현미 (2003). "대만 속의 한국 대중 문화–문화 '번역'과 '혼성화'의 문제를 중심으로" 조한혜정 편, 《'한류'와 아시아의 대중 문화》. 연세대학교 출판부.

김형석 (2002). 《영화 콘텐츠 비즈니스》. 문지사.

니나 뭉크 (2004). 《버블의 붕괴: AOL타임워너 빅딜 신화의 시작과 끝》. 이미정 옮김. 조선일보사.

로버드 도마스코 (2007). 《거대기업의 공멸》. 나중길 옮김. 도네이도.

류수한 (2006). 〈영화 PPL의 제품 관여도 및 장르별 비중에 관한 연구〉. 성균관대학교 커뮤니케이션학과 석사 학위 논문.

박지영 (2007). "초국가적 미디어 생산물 소비의 즐거움과 전 지구화시대의 젠더 정치학: 〈위기의 주부들〉 수용자들을 중심으로," 〈미디어 젠더 & 문화〉 7호.

베니김 (2003). 《대박과 쪽박 사이의 영화경제학》. MJ미디어.

손일권 (2003). 《브랜드 아이덴티티》. 경영정신.

영화진흥위원회 (2002). 〈미국영화산업백서〉.

——— (2003). 〈한국 영화연감〉.

——— (2004). 〈2003년 영화 관객의 영화 관람 행동 조사 결과 보고서〉.

——— (2006). 〈한국 영화산업 결산〉.

———— (2007). 〈한국 영화산업 결산〉.

———— (2008). 〈한국영화 제작의 국제화사례 연구집〉.

———— (2010). 〈영화소비자 조사 보고서〉.

———— (2011a). 〈2011년 한국 영화산업 결산〉.

———— (2011b). 〈2011년 전국 4대 브랜드별 멀티플렉스 현황〉.

유선실 (2000). [KISDI IT FOCUS] 〈인터넷영화의 현황과 전망〉. 정보통신정책연구원.

유재희 (2003). 〈영화산업의 인터넷 펀딩에 관한 연구〉. 단국대학교 마케팅 전공 석사 학위 논문.

윤재식, 은혜정, 민원정 (2007). 《세계의 소프 오페라 텔레노벨라*Telenovela*의 마케팅 및 시장 개척 전략》. 한국콘텐츠진흥원.

이문행 (2005). 〈국내 지상파 방송 드라마의 수출 성과 분석〉. 한국언론학회, "아시아의 재발견: 동아시아 국가간 TV 프로그램 교류의 의미" 세미나 발표문.

이서영 (2005). 〈한국영화포스터의 레이아웃디자인과 시대별 특성(1950~2006)〉. 한양대학교 디자인 전공 석사 학위 논문.

이수범 (2004). 〈인터넷이 영화산업에 미친 영향에 대한 탐색적 연구〉. 한국 문화경제학회 추계 학술대회.

이혜원 (2003). 〈국내 영화 속 제품배치(PPL) 실태에 대한 연구〉. 중앙대학교 국제경영대학원 석사 학위 논문.

일리아 에렌부르크 (2000). 《꿈의 공장》. 김혜련 옮김. 눈빛[Ilia Ehrenberg. Usine de reves. 1932].

장순석 (2000). 〈시대적 흐름에 따른 한국영화포스터 디자인의 표현에 관한 연구– 1950~2001. 4까지의 포스터를 중심으로〉. 동덕여자대학교 디자인 전공 석사 학위 논문.

좌승희, 이태규 (2006). 〈한국영화산업 구조변화와 영화산업정책 – 수직적 결합을 중심으로〉. 한국경제연구원.

진달용 (2009). De–convergence: A shifting business trend in the U.S. digital media industry. 〈미디어경제와 문화〉 7–1.

채윤희 (2001). 《영화 프로듀싱과 홍보 마케팅 입문》. 소도.

최호규 (2009). 《광고와 카피》. 신정.

한국콘텐츠진흥원 (2011a). 〈한국영화 미국시장 진출 유형 연구〉. KOFIC 연구보고 09–1.

——— (2011b). 《2010 해외컨텐츠 시장조사》.

——— (2011c). 《세계 방송시장 규모 및 전망》.

허진 (2002). "중국의 한류 현상과 한국 TV 드라마 수용에 관한 연구." 〈한국방송학보〉 16(1).

황동미, 정헌일, 조준형, 박현희, 류형진 (2001). 〈한국 영화 산업 구조 분석〉. 영화진흥위원회 연구보고.

황동미, 박지인 (2002). 〈아시아 공동제작 현황과 발전방안〉. 영화진흥위원회.

황동미 (2009). 〈한국영화 미국시장 개척을 위한 영화진흥위원회의 지원 정책: Filmmakers Development Lab 운용을 중심으로〉. 중앙대학교 첨단영상대학원 박사 학위 논문.

Anderson, Christopher (1994). "Disneyland," *Television: The Critical View, Newcomb, Horace* (ed.). Oxford University Press.

Hoskins, Colin, McFadyen, Stuart & Finn, Adam (1997). *Global Television and Film*. Oxford: Clarendon Press.

Jenkins, Henry (2006). *Convergence Culture*. New York University Press.

Marchetti, Gina (1993). *Romance and the Yellow Peril: Race, Sex and Discursive Strategies in Hollywood Fiction*. Berkeley: University of California Press.

Schiller, Herbert (1976). *Communication and Cultural Domination*. White Plains: International Arts and Science Press.

Sreberny–Mohammadi, Annabelle (1991). "Global and the Local in International Communications," *Mass Media and Society*. Curran, James & Gurevitch, Michael (ed.). London: Edward Arnold.

"검은 대륙 '날리우드(나이지리아 영화산업)' 영화 열풍," 〈조선일보〉, 2011. 6. 4.

"[경제] 〈해운대〉 대박, 시원소주 "캬~ 좋다"," 〈위클리경향〉, 2009. 9. 22, 843호.

"'금가씨'표 두부 케이크, 日서 관심 폭발," 〈마이데일리〉, 2005. 10. 28.

"로이 리 "현지 문화에 맞게 재창조해야 리메이크 성공"," 〈스포츠경향〉, 2011. 10. 13.

"롯데그룹 '벅스' 인수 나섰다," 〈문화일보〉, 2007. 3. 13.

"문화적 투자 '네티즌펀드'," 〈한겨레21〉, 2001. 4. 10, 제354호.

"미국 산업영화시장의 성공," 한국콘텐츠진흥원 9월 주간 산업동향, 2011.

"바람난 가족 영화펀드 3차분 10억 공모 3분 만에 마감," 〈매일경제〉, 2003. 8. 8.

"'바람난 가족' 인터넷 펀드 최종 수익률 79.4% 배당," 〈매일경제〉, 2003. 11. 10.

"베이징 나비픽처스 중국영화 〈결혼진화론〉 제작," 〈씨네21〉, 2006. 4. 4.

"삼성전자 매트릭스 폰, "노키아보다 낫다?"," 〈아이뉴스 24〉, 2003. 3. 7.

"새 국면 맞는 영화계의 '네티즌 펀드'," 〈머니투데이〉, 2004. 9. 8.

"소비자 지갑 여는 파워 블로거," 〈파이낸셜 뉴스〉, 2009. 5. 23.

"스크린 '찰리우드' 시대… 美 영화서 중국인 악당 사라졌다," 〈조선일보〉, 2011. 9. 27.

"[시론] 방송포맷의 시대를 보는 두 가지 시각," 〈PD저널〉, 2010. 2. 22.

"영진위 "최소상영기간 보장하라" – 극장측 "작은 영화만 손해볼 뿐"," 〈문화일보〉 2011. 7. 21.

"영화 '작은 연못'은 기적이었다," 〈미디어오늘〉, 2010. 4. 11.

"영화 PPL 공짜로 하는 기업도 있다," 〈중앙일보〉, 2008. 7. 30.

"영화 '매트릭스'에 삼성휴대폰?," 〈매일경제〉, 2003. 3. 25.

"영화의 얼굴이 달라졌다, 충무로, 시대별 포스터 변천사," 〈스포츠서울〉, 2010. 11. 10.

"우리가 궁금한 다섯 가지 것들 '인터넷과 영화마케팅'," 〈필름 2.0〉, 2006. 8. 24.

"웰컴 투 동막골… 웰컴 투 머니," 〈조선일보〉, 2005. 8. 29.

"2등신에서 10등신까지, 게임 산업 신체마케팅의 비밀," 〈동아일보〉, 2009. 5. 6.

"[이 사람] 임현나 더트루컴퍼니 대표 "'플레잉 포 체인지'가 인생을 바꿨어요"," 〈헤럴드경제〉, 2011. 2. 7.

"인츠닷컴, 반칙왕 네티즌 펀드 80% 수익 전망," 〈매일경제〉, 2000. 4. 19.

"인터넷 통해 투자 · 시나리오·배우 공모 '영화 함께 만들어 볼까요'," 〈경향신문〉, 1999. 11. 18.

"[인터뷰–심재명] 20억 투자한 네티즌에 보답해야죠," 〈파이낸셜뉴스〉, 2003. 8. 21.

"'작은 연못,' 기획부터 트위터 시사까지… 최초 행진," 〈스타뉴스〉, 2010. 4. 3.

"초고속 인터넷과 이동통신 "황금알"," 〈머니투데이〉, 2004. 9. 9.

"초코파이 "고맙다 말아톤"," 〈한국경제신문〉, 2005. 2. 17.

"[칸영화제]한류 '佛붙었다'," 〈경향신문〉, 2005. 5. 19.

"케이블 '서바이벌 리얼리티 쇼' 또 다른 승부," 〈경향신문〉, 2009. 2. 13.

"타임워너 , AOL 9년 만에 결별," 〈국민일보〉, 2009. 5. 29.

"한국영화의 뉴웨이브를 주도한 영화감독 박광수," 김형석, 2009. 3. 24. (출처: 네이버캐스트 http://navercast.naver.com/contents.nhn?contents_id=244)

"한류본색, 한–중 합작영화 옷 입는다," 〈한겨레〉, 2006. 1. 23.

"할리우드 영화는 지금 중국에 대놓고 아부 중," 〈중앙일보〉, 2012. 6. 14

"IT 역사상 가장 '재앙'이었던 10대 인수합병," 〈전자신문〉, 2011. 8. 21.

"KT, 콘텐츠 미디어 기업 탈바꿈 시동," 〈한국일보〉, 2012. 7. 5.

"KT, 통신기업? … 이젠 미디어엔터테인먼트그룹으로!," 〈서울경제〉, 2008. 3. 27.

"From Hollywood to Chollywood," *Asian Times*, Francesco Sisci, 2010. 4. 1.

"Chollywood– Behind the scenes of China's booming film industry," *Atlantic Magazine*, Mitch Moxley, 2011. Sep.

〈2008년 인터넷 광고 트렌드에 관한 사용자 인식 조사 보고서〉 (출처: DMC리포트, http://www.dmcreport.co.kr/report/report_view.php?type=survey&keyfield=&keyname=&page=&num=126)

〈[Market Study] 2009 온라인 영화 광고시장 분석〉, 나스미디어 정기 뉴스레터 182호. (출처: 한국광고협회 광고정보센터, http://m.ad.co.kr/lit/report/show.do?oid=@1143%7C6%7C3&ukey=9236)

"미디어 환경변화와 국내 광고매체 기획의 과제," 양윤직, 2005. 11. 3. (출처: 네이버 블로그 The Walter Blog, http://walter.blog.me/140019011230)

"[친구] '친구' 제작사인 코리아픽처스와 심마니영화펀드를 고발합니다. 도와주십시오," ID kdaqproducer, 2001. 4. 25. (출처: NATE 지식 http://ask.nate.com/knote/view.html?num=69392)

"Disneyland's History," Anonymous. (출처: Just Disney.com, http://www.justdisney.com/disneyland/history.html)

부산영상위원회 http://www.bfc.or.kr/2010/kor/

영화 〈괴물〉 네이버 공식 카페: http://cafe.naver.com/ehdtlwlq.cafe?iframe_url=/ArticleRead.nhn%3F

IMDB www.imdb.com